축구에 관한 모든 것

15 분데스리가

축구에 관한 모든 것 시리즈
15 분데스리가

초판 1쇄 발행 _ 2014년 11월 20일
지은이 _ 이명수
펴낸이 _ 김명석
편집인 _ 김영세
표　지 _ 김영세
마케팅 _ 정지희
제작인쇄 _ 정문사
펴낸곳 _ 도서출판 엘티에스 출판부 "사람들"
등　록 _ 제2011-78호
주　소 _ 서울시 관악구 신림동 103-117번지 5F
전　화 _ 02-587-8607
팩　스 _ 02-876-8607
블로그 _ http : //blog.daum.net/ltslaw
이메일 _ ltslaw@hanmail.net

* 이 책의 판권은 지은이와
  도서출판 엘티에스 출판부 "사람들"에 있습니다.
  양측의 서면 동의 없는 무단전재 및 복제를 금합니다.
* 저자와의 협의하에 인지는 생략합니다.
* 축구에 관한 모든 것 시리즈(전50권)는
  2015년 12월 완간을 목표로 하고 있습니다.
* 축구에 남다른 열정을 가진 분이라면 누구나
  이 시리즈의 저자가 될 수 있습니다.

ⓒ 2014
저자 이메일 leems777@naver.com
저자 페이스북 www.facebook.com/bundesligakor
ISBN 978-89-97653-84-3 14690
정가 10,000원

Series 15

축구에 관한 모든것

15 분데스리가

이 명 수 저

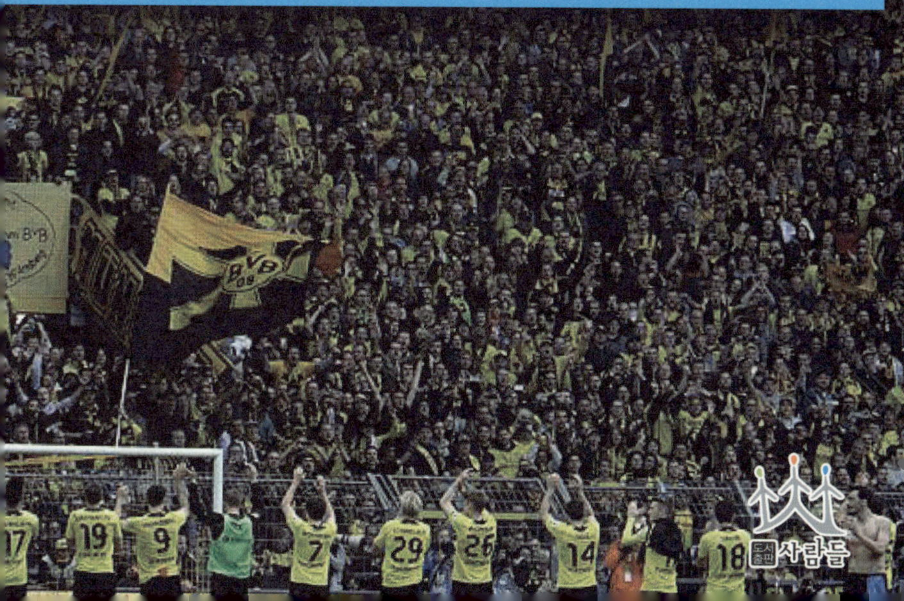

차 례

[서문] 독일의 월드컵 우승은 축구에 대한 관심

1. 독일 축구의 자존심, 분데스리가 ………………………………… 13
2. 분데스리가를 제패했던 영광의 주인공들 …………………… 21
3. 분데스리가의 다크호스들 ……………………………………… 28
4. 1부 리그 부럽지 않은 탄탄한 2부 리그 ……………………… 38
5. 분데스리가가 존재하는 이유 '더비' …………………………… 45
6. 분데스리가와 외국인 선수들 …………………………………… 53
7. 바이에른 뮌헨과 펩 과르디올라 ……………………………… 59
8. 뮌헨의 아성을 넘보는 도르트문트와 클롭 ………………… 67
9. 분데스리가를 누비는 한국인 선수들 ………………………… 74
10. 분데스리가를 풍미한 레전드들 ……………………………… 91
11. 분데스리가의 유망주 ………………………………………… 106
12. 현지인 축구팬 인터뷰 ………………………………………… 121
13. 분데스리가의 화려한 무대, 스타디움 ……………………… 132
14. 분데스리가 현지 경기 관람기 ……………………………… 140
15. 현지 스타디움 투어 …………………………………………… 152
16. 분데스리가와 맥주 …………………………………………… 166

• 부록 …………………………………………………………………… 173

필자 서문

독일의 월드컵 우승은 축구에 대한 관심

 2006년. 아무것도 모르던 초등학생 시절, 처음 독일 땅을 밟았다. 운이 좋게도 내가 방문했던 당시 독일에서는 월드컵이 펼쳐지고 있었다. 그리고 한국 경기를 비롯해 몇몇 경기를 직관하며 축구에 대한 독일인들의 관심과 열정을 느낄 수 있었다.

 그리고 2014년, 단 한 번도 다른 대륙의 국가가 월드컵 우승 트로피를 들어 올리는 것을 허락하지 않았던 남미 대륙의 브라질에서 독일이 통산 4번째 월드컵 우승을 달성하는데 성공한다. 사실 독일의 강세는 예견된 것이었다. 1954 스위스 월드컵 이후 단 한 번도 빼놓지 않고 8강 이상의 성적을 거두었던 독일은 2002 한일월드컵부터 4번 연속 4강 이상의 성적을 거두었고 마침내 우승의 한을 브라질 축구의 성지에서 풀 수 있었다. 이러한 힘의 원동력을 꼽자면 단연 자국리그, 분데스리가가 중추적인 역할을 했다.

 2010 남아공 월드컵에서 23인 출전 엔트리 전원을 독일 국내파로 구성하며 화제를 모았던 독일 대표팀은 그 당시 멤버가 주축이 되어 2014 브라질 월드컵에 나섰고 '전차군단'이라는 별명에 걸맞는 플레이를 선보이며 완벽한 우승을 차지했다.

독일을 방문할 때마다 독일인 친구들을 만나면 항상 그들의 대화 주제는 축구였다. 남자뿐만이 아니었다. 여자 친구들도 자신이 살고 있는 고장을 연고로 하는 팀의 주전 선수가 누구인지 정도는 알고 있었다.

이처럼 독일의 월드컵 우승의 시작점은 독일인들의 축구에 대한 관심이었다. 그리고 그 관심은 내가 살고 있는 고장에서 펼쳐지는 축구 리그, 분데스리가였고 피라미드가 차곡차곡 쌓여 마지막 꼭대기는 독일 최고의 선수들이 모이는 국가대표팀이었다.

분데스리가는 세계에서 가장 비싼 몸값을 자랑하는 선수도 없고 터무니없이 티켓 가격이 비싸지도 않다. 대신 세계에서 가장 재정이 건전한 리그이고 저렴한 티켓 가격으로 인해 가장 평균 관중이 많은 리그로 손꼽힌다. 이처럼 독일의 우승은 우연이 아니었다. 세계 최고의 축구 리그가 있었기에 가능했다. 월드컵에서 언제나 좋은 성적을 거두기를 바라는 우리나라가 지향해야 할 목표이기도 하다.

이번 책 집필을 통해 많은 것들을 느꼈고 이 책을 통해 많은 독자들이 독일 축구의 매력에 빠져들었으면 하는 바람이다. 이 책은 묵묵히 저자의 글을 기다려 주신 출판사 김명석 대표님 덕분에 세상에 나올 수 있었다. 대표님을 비롯해 출판사의 모든 관계자 분들께 감사드리고 축구계에 발을 디딜 수 있게 해주신 FC서울의 FOS 2팀 전재홍 팀장님, 운영홍보팀의 김태주 팀장님과 성민 대리님, 그리고 언제나 피가 되고 살이 되는 값진 조언을 해주시는 친형과도 같은 안석일 사원님을 비롯한 FC서울 명예기자단 식구들에게 감사드린다.

자식이 가는 길을 언제나 믿고 지지해 주시는 소중한 부모님과 독일에서 저자를 많이 도와주었던 고모와 고모부를 비롯한 사촌들, 외가와 친가 식구들까지 주위의 많은 분들께서 도와주셨기에 이 책을 낼 수 있었다.

 마지막으로 매번 축구에 대해 물어봐도 귀찮은 내색을 하지 않고 저자에게 상세히 답변을 해주었던 든든한 우군 독일인 친구들에게 감사의 인사를 전한다.

Liebe Freunde,

Durch eure Unterstützung konnte ich das Buch fertig schreiben, dafür bedanke ich mich ganz herzlich.

Ich wünsche mir, dass dies als eine schöne Erinnerung für alle beteiligten bleibt.

Vielen Dank.

1. 독일 축구의 자존심, 분데스리가

2000년대까지만 해도 축구팬들은 세계 3대 축구리그를 잉글랜드의 프리미어리그, 스페인의 프리메라리가, 이탈리아의 세리에A라는 것에 대체적으로 의견의 일치를 보고 있었다. 그러나 2010년대 초반 세리에A가 승부조작 스캔들로 휘청거리는 사이 탄탄한 내실을 다진 독일 분데스리가가 그 자리를 차지하며 세계 3대 리그에 합류했다.

▲ 분데스리가 로고

분데스리가(Bundesliga)에서 Bundes는 연방, 연합을 뜻하고 liga는 리그를 의미한다. 즉 분데스리가는 독일 연방을 대표하는 축구 리그라는 뜻의 독일어이다. 분데스리가가 생기기 전까지 각 지역별로 리그를 만들어 아마추어 수준으로 경기를 가지던 것이 전부였다. 아마추어들로 리그를 구성하다 보니 경기력이 좋지 못했고 스타플레이어들이 해외 리그로 진출하며 이 문제는 심각해졌다. 게다가 국가대표팀의 성적 역시 나빠지자 새로운 축구 리그의 필요성을 느끼게 되었고 1962년, 서독축구협회가 분데스리가를 창설했다. 이는 현재 분데스리가의 기원이 된다. 우리나라와 같이 분단의 아픔을 가지고 있는 독일이기에 동독 역시 소련의 지배하에 다른 리그를 운영했다. 이후 통일이 된 후 서독 리그에 흡수되었고 지금의 분데스리가의 형태를 갖추게 된다.

분데스리가 출범 이전인 1902-03 시즌 VFB 라이프치히가 첫 우승을 차지한 이래 많은 팀들이 트로피를 들어올리는 영광의 순간을 경험했다. 분데스리가 출범 이후인 1963-64 시즌, FC쾰른이 분데스리가 초대 우승을 차지했다. 역대 우승 순위를 살펴보면 바이에른 뮌헨이 22회 우승으로 압도적인 1위를 달리고 있다. 12-13 시즌 분데스리가, 챔피언스리그, DFB 포칼을 석권하는 트레블을 독일 클럽 최초로 달성하며 전성시대를 맞이한 바이에른 뮌헨은 13-14 시즌에서도 우승을 차지하며 당분간 바이에른 뮌헨의 독주체재가 지속될 전망이다. 이어 13-14 시즌 고전을 면치 못하고 강등당한 뉘른베르크가 9회 우승으로 2위, 지속적인 성장세를 보이는 '꿀벌 군단' 보루시아 도르트문트가 8회 우승으로 3위를 기록하고 있다. 그리고 샬케04, 함부르크, 뮌헨 글라드바흐 등이 5번 이상의 풍부한 우승 경험을 자랑하고 있다.

▲ 바이에른 뮌헨이 분데스리가 우승 세레머니를 펼치고 있다

 최근 5년간 독일 팀들의 유럽 클럽 대항전 성적을 토대로 매기는 UEFA 리그 포인트에서 3위를 차지한 분데스리가는 최종 순위 1위~3위 팀까지는 UEFA 챔피언스리그 조별예선 직행, 4위는 챔피언스리그 플레이오프 티켓을 얻게 된다. 그리고 5위와 6위, FA컵이라 할 수 있는 DFB 포칼 우승팀은 유로파리그에 진출하게 된다. 13-14 UEFA 챔피언스리그에서 4개의 독일 팀이 모두 조별예선을 통과해 16강에 진출하는 쾌거를 이룩하며 앞으로 리그 포인트 합산에서 다른 국가보다 높은 우위를 차지할 것으로 보인다.

대한민국 K리그가 클래식, 챌린지로 승강제를 운영하는 것처럼 독일 역시 오래전부터 승강제를 운영하고 있다. 승강제를 살펴보면 17위, 18위 2개의 팀이 자동으로 강등된다. 그리고 2부 리그의 1위, 2위 팀이 승격의 기쁨을 누리게 된다. 하지만 이것이 전부가 아니다. 1부 리그의 16위 팀과 2부 리그의 3위 팀은 잔류와 승격을 놓고 승강 플레이오프를 홈 앤드 어웨이로 펼친다. 12-13 시즌, 리그 최종전에서 강호 도르트문트를 상대로 2-1 역전승을 거두며 극적으로 강등권에서 탈출한 호펜하임은 승강 플레이오프에서 2부 리그 3위 팀 카이저슬라우테른을 홈과 원정에서 모두 격파하며 '생존왕'이라는 칭호를 부여받게 됐다. 이처럼 시즌 막판까지 눈을 뗄 수 없는 강등 전쟁은 분데스리가를 흥미진진하게 만들어 준다.

▲ '생존왕' 호펜하임

3부 리그까지 프로리그로 운영되며 4부 리그부터는 아마추어 팀들로 이루어진다. 4부 리그의 경우 지역별로 리그를 나누어 진행하며 아마추어 팀들뿐만 아니라 1부 리그 팀들의 2군 팀들도 리그에 참가해 경기 감각을 잃지 않도록 하고 있다. 부상에서 갓 회복한 스타플레이어들이 4부 리그의 2군에서 경기를 뛰며 실전감각을 회복하고 1군으로 복귀하는 경우가 독일에선 흔하다.

▲ 독일의 하위 리그, 레지오날리가

 승강제의 역사가 오래되다 보니 1부 리그에서 강등을 당하지 않은 팀은 레버쿠젠 이전에 한때 손흥민이 뛰었던 함부르크가 유일하다. 요즘 유럽 무대를 호령하는 바이에른 뮌헨이나 도르트문트 같은 명문 팀들도 모두 강등의 쓰라린 아픔을 겪은 바 있다. 하지만 최근 함부르크가 성적부진에 빠지며 구단 역사상 처음으로 강등 위기에 처하기도 했다. 13-14 시즌에만 두 명의 감독을 경질하며 혼란에 빠져 있는 함부르크는 리그를 16위로 마감했고 2부 리그 3위, 그로이터 퓌르트와 홈 앤드 어웨이로 승강 플레이오프를 치렀고 무승부만 2번 거두었지만 원정 다득점에 성공하며 간신히 1부 리그 무대에 잔류했다.

▲ 그로이터 퓌르트와 플레이오프를 치르는 함부르크

분데스리가는 선수들의 인권과 건강을 중요시하는 리그이다. 프리미어리그나 프리메라리가가 20팀으로 구성되어 있고 각각 38경기를 치르는 반면 분데스리가는 18개 팀으로 이루어져 있고 팀당 34 경기를 치른다. 팀 수와 경기 수가 적은 대신 분데스리가는 1월 동안 휴식기를 가진다. 이 기간 동안 각 팀들은 남유럽이나 중동 등 따뜻한 나라로 전지훈련을 떠나 체력회복과 전술 다지기에 매진한다. 크리스마스 이후 박싱데이 기간 동안 2~3일에 한 번씩 경기를 치르는 빡빡한 프리미어리그 일정과 대비되는 모습이다. 일각에선 더 많은 중계권료와 관중 수입을 위해 1부 리그 참여 팀을 20팀으로 늘리고 팀당 38 경기를 편성하자는 주장이 나오고 있지만 분데스리가 사무국은 선수 보호라는 원칙을 고수하고 있어 앞으로도 1월 휴식기는 지속될 전망이다.

▲ 중동으로 전지훈련을 떠난 바이에른 뮌헨

유럽연합(EU)에서 가장 경제가 탄탄한 국가인 독일인 만큼 분데스리가 역시 2개의 구단을 제외하고는 흑자를 기록하고 있다. 특히 바이에른 뮌헨의 경우 4000억원이 넘는 자금을 보유해 언제든지 적재적소에 자금을 투입할 수 있는 여건을 마련해 놓은 상황이다. 선수 영입에 과도한 돈을 지출하지 않고 마케팅에 힘을 쏟으며 유소년 시스템에 아낌없는 투자를 해 선수를 키워 쓰는 문화가 자리 잡은 덕분이다. EPL에 비해 3분의 1이 되지 않는 저렴한 티켓 가격에도 항상 4만 명이 넘는 관중이 입장해 구단에게 큰 수익을 안겨 준다. 이는 미국 미식축구 리그(NFL)에 이어 프로스포츠로는 두 번째로 높은 평균 관중 수치이다. 또한 구단 지분의 51% 이상을 팬이 소유하도록 해 민주적인 구단 경영과 과도한 예산 지출로 인한 파산을 예방하고 있다. 이처럼 선진화된 구단, 리그 경영 문화는 다른 국가에 귀감이 되어 많은 리그들이 분데스리가를 연구하고 벤치마킹하는 요인으로 꼽힌다.

2. 분데스리가를 제패했던 영광의 주인공들

마이스터 샬레(Meister Schale). 독일에서 축구 선수를 하고 있는 이라면 누구나 한 번쯤은 들어올리고 싶은 트로피일 것이다. 마이스터는 독일어로 '장인', '챔피언'이라는 뜻을 가지고 있고 샬레는 '방패'라는 뜻이다. 의미 그대로 마이스터 샬레는 바로 분데스리가 우승 팀에게 수여하는 방패 모양의 트로피를 지칭한다. 방패 모양의 트로피에 우승 팀과 우승 년도가 새겨져 있다.

▲ 영광의 상징, 마이스터 샬레

13-14 시즌 바이에른 뮌헨이 팀 통산 23번째 분데스리가 우승을 확정지었다. 1963년 분데스리가가 출범한 이래 50년이 넘는 세월 동안 12개의 팀만이 우승 트로피를 들었을 뿐이다. 그 중 바이에른 뮌헨이 압도적인 횟수의 우승 기록을 가지고 있다. 바이에른 뮌헨의 우승은 우승 그 자체보다 다른 부가 기록에 관심이 쏠린다. 12-13 시즌, 분데스리가와 DFB 포칼, UEFA 챔피언스리그를 제패하며 창단 이래 첫 '트레블'의 위업을 달성한 바이에른 뮌헨은 13-14 시즌 매 경기마다 새로운 기록들을 갈아치우며 독일 축구 역사상 가장 강력한 팀으로 군림하고 있다.

▲ 13-14 시즌마저 제패한 바이에른 뮌헨

　이처럼 가히 '역대급'이라는 칭호가 불릴 정도로 강력한 팀이 된 바이에른 뮌헨이지만 분데스리가 출범 초창기부터 우승을 밥 먹듯이 하던 팀은 아니었다. 1963년 분데스리가가 출범한 후 5년 동안 마이스터 샬레는 바이에른 뮌헨의 것이 아닌 각기 다른 다섯 개의 팀의 것이었다. 가장 먼저 마이스터 샬레를 들어 올린 팀은 FC쾰른이다. FC쾰른 팬들은 분데스리가 원년 우승 팀이라는 자부심을 가지고 있기도 하다. FC쾰른에 이어 베르더 브레멘, 1860 뮌헨, 브라운슈바이크 등 현시점에서 우승 경쟁과 거리가 먼 팀들이 과거 우승을 차지한 경력이 있다. 이처럼 현재 2부 리그에 머물러 있거나 좋은 성적을 내지 못하는 팀을 응원하더라도 팬들은 찬란했던 과거를 추억하며 장밋빛 미래를 설계하기도 한다.

▲ 분데스리가 초창기 우승을 거두었던 FC 쾰른

분데스리가 팀들의 역대 우승 횟수를 살펴보면 바이에른 뮌헨이 23회로 압도적 1위를 달리고 있고 그 뒤를 이어 도르트문트와 보루시아 뮌헨글라드바흐가 5회로 공동 2위, 베르더 브레멘(4회), 함부르크와 슈투트가르트(3회) 등의 팀들이 있다. 최근 바이에른 뮌헨에 대적할 만한 거의 유일한 팀으로 손꼽히는 도르트문트는 94-95시즌 처음으로 우승을 한 이래 여세를 몰아 95-96 시즌, 분데스리가 2연패에 성공했고 10-11 시즌과 11-12 시즌에도 역시 2연패에 성공해 분위기를 타며 적수가 없는 클럽이라는 칭호가 붙었다. 그러나 최근 2년 사이 팀의 주축 선수들이 빠져나가고 끊임없이 부상 선수들이 속출하며 정상적인 팀 운영이 힘들 정도였다. 특히 수비진의 경우 대부분의 선수들이 시즌 내내 크고 작은 부상에 시달리며 거의 매 경기 다른 선수들로 포백 수비를 구성할 정도로 불운한 시즌을 보냈다. 따라서 2년 연속 바이에른 뮌헨에 맥없이 우승 경쟁에서 밀린 도르트문트이지만 당분간 팀을 추스르며 재정비 후 시즌에 나선다면 충분히 바이에른 뮌헨과 경쟁할 수 있는 1순위 후보로 꼽힌다.

▲ 도르트문트를 대표하는 스타, 마르코 로이스

꾸준히 상위권에 이름을 올리며 유럽 무대 진출권을 다투는 보루시아 묀헨글라드바흐는 1970년대를 주름잡았던 팀이다. 69-70시즌과 70-71시즌을 연달아 우승한데 이어 74-75, 75-76, 76-77 시즌에 3년 연속 분데스리가를 제패했다. 이후 하락세를 타며 지금까지 우승경쟁에서 점점 멀어졌던 묀헨글라드바흐의 문제점은 주축 선수들이 전성기를 맞이하면 팀을 떠난다는 것이다. 대표적인 예가 2013년 UEFA 베스트 11에 선정되기도 했던 도르트문트의 마르코 로이스와 13-14 시즌을 마치고 FC 바르셀로나로의 이적이 확정된 골키퍼 테어 슈테겐이다. 이들처럼 슈퍼스타로 성장할 자질이 보이는 선수들을 지키지 못하고 다른 팀들에게 내주다 보니 우승 경쟁에서 힘을 발휘하지 못하고 있다.

▲ FC 바르셀로나로 이적한 테어 슈테겐, 그는 마지막 홈경기에서 눈물을 보인다.

아이러니하게도 매 시즌 바이에른 뮌헨과 우승 경쟁을 펼칠 것으로 평가받는 UEFA 챔피언스리그 단골 손님 바이엘 레버쿠젠과 샬케 04는 단 한 번도 분데스리가 출범 이후 우승을 차지한 적이 없다. 시즌 초반 성적이 좋더라도 뒷심 부족으로 끝내 우승 경쟁에서 미끄러지는 경우가 많아 기복이 심한 팀으로 평가받는다. 특히 레버쿠젠의 경우 분데스리가는 물론 UEFA 챔피언스리그에서도 우승 문턱에서 종종 미끄러져 준우승만 하다 보니 타 팀 팬들로부터 'Neverkusen'이라는 별명으로 조롱받기도 한다.

나란히 분데스리가 3회 우승을 차지한 함부르크와 슈투트가르트는 오랜 시간 동안 분데스리가의 전통의 강호로 자리 잡고 좋은 선수들을 꾸준히 배출하며 많은 팬들을 보유하고 있다. 특히 슈투트가르트의 경우 독일에서 제일가는 유스 시스템을 갖춘 것으로 유명하다.

바이에른 뮌헨과 도르트문트를 제외하고 분데스리가 우승을 차지한 이력이 있는 팀들 중 다시 한 번 우승을 노릴 만한 팀으로 손꼽히는 팀은 한국 선수가 뛰기도 했던 볼프스부르크이다. 08-09 시즌 깜짝 분데스리가 우승을 차지한 이래 잠시 하향세를 타기도 했지만 유능한 선수들을 영입하며 현재 UEFA 챔피언스리그 진출이 가시권에 들어와 있다. 볼프스부르크의 장점은 탄탄한 재정 지원이다. 독일 국민 자동차 브랜드인 폭스바겐을 모기업으로 하고 있어 재정 문제를 크게 신경 쓰지 않아도 된다. 탄탄한 재정 지원을 바탕으로 브라질 국가대표 미드필더 구스타보와 벨기에의 신성 케빈 데 브뤼네를 영입하며 선수단 강화에 박차를 가하고 있다. 꾸준한 재정 지원이 이어져 바이에른 뮌헨에 대적할 만한 클럽으로 성장할지 주목된다.

▲ 모기업의 든든한 지원을 받는 볼프스부르크

축구팬으로서 그리고 축구 선수로서 리그 우승을 차지하는 것만큼 기쁜 일은 없을 것이다. 지금까지 수많은 우승 트로피를 들어 올렸던 바이에른 뮌헨이지만 앞으로 더 많은 승리를 위해 과감한 투자를 하며 미래를 내다보고 있다. 이처럼 우승을 향한 노력은 리그의 흥행을 좌우한다. 많은 팀들이 보다 치열하게 우승 경쟁을 펼치며 흥미진진한 분데스리가가 되기를 기대해 본다.

3. 분데스리가의 다크호스들

중산층의 비율이 높아야 경제가 탄탄한 국가라고 평가받듯이 상위권 팀에 버금가는 전력을 갖추며 종종 거인들을 쓰러트리는 중위권 팀들의 존재는 리그의 흥행을 좌우한다.

코리안리거의 존재가 든든한 마인츠 05

▲ 마인츠에서 데뷔골을 터트린 박주호

현재 코리안 리거가 두 명 뛰고 있는 마인츠는 전통의 명가라는 이름보다 신흥 강호라는 호칭이 어울리는 팀이다. 팀 창단 이래 대부분의 시간을 2부 리그에서 보내던 마인츠는 2004-05

시즌 가까스로 1부 리그를 밟았고 이후 종종 강등의 아픔을 겪긴 했지만 대부분의 시간을 1부 리그에서 보내며 성공적인 역사를 만들어 가고 있다. 그리고 13-14 시즌 돌풍의 핵으로 떠오르며 승승장구했고 마침내 유로파리그 티켓을 따내게 된다.

마인츠의 장점은 토마스 투헬 감독의 지도력에 있다. 자신만의 확고한 전술 철학을 가지고 있는 투헬 감독은 오랜 기간 마인츠를 지도하며 자신의 팀으로 탈바꿈시켰다. 하지만 13-14 시즌을 마치고 마인츠와의 계약기간이 남아있음에도 불구하고 팀을 떠나겠다고 선언해 팀 내 수뇌부와 마찰을 빚었고 결국 14-15 시즌 동안 다른 팀의 감독을 맡지 않겠다는 조건으로 계약해지를 하고 마인츠와 결별하게 된다.

▲ 마인츠의 새로운 감독, 휼만트

투헬의 차기 행선지로는 독일 국가대표팀 수석코치가 거론되고 있는 상황이다. 현재 도르트문트의 감독 위르겐 클롭이 마인츠에서 감독 생활을 하다가 도르트문트로 떠난 뒤 그의 후임으로 5년 동안 마인츠를 지켜온 투헬은 '제2의 클롭'으로 불리며 성공적인 커리어를 쌓았다. 그렇기에 마인츠와 투헬의 결별이 더더욱 아쉬운 상황이기도 하다. 클롭과 투헬에 이어 지휘봉을 잡은 휼만트 감독의 능력에 따라 앞으로의 마인츠의 성적이 좌우될 전망이다.

진정한 다크호스를 꿈꾸는 아우크스부르크

마인츠에 이어 13-14 시즌 돌풍의 주인공은 한국인 선수와 관련이 깊었던 아우크스부르크이다. 구자철, 지동원에 이어 현재 홍정호가 뛰고 있는 아우크스부르크는 창단 처음으로 유로파리그 진출을 노릴 정도로 승승장구했으나 마지막 순간에 뒷심을 발휘하지 못하며 아쉽게 유럽대항전 진출을 다음 기회로 미뤄야 했다.

▲ 아우크스부르크의 기적은 일어날 수 있을까

팀의 역사 대부분이 2부 리그에서 쓰여졌고 1부 리그에 모습을 드러낸지 얼마 되지 않았지만 그마저도 강등권을 전전했던 아우크스부르크. 하지만 이 팀을 환골탈태시킨 이는 감독 마르쿠스 바인지얼이다. 투헬과 함께 앞으로 분데스리가를 이끌어 갈 젊은 감독으로 손꼽히는 바인지얼은 사령탑으로 부임한지 2년 만에 강등권을 전전하던 팀을 유럽대항전에 도전할 수 있는 팀으로 탈바꿈시키며 2017년까지 재계약을 맺은 상태이다. 13-14 시즌 각종 기록을 써나가던 바이에른 뮌헨을 제압하며 53연속 무패 행진을 멈추게 한 것은 유명한 일화이다. 앞으로가 더 기대되는 팀, 아우크스부르크가 성공 신화를 써내려 갈 수 있을지 주목된다.

옛날의 영광이 그리운 베르더 브레멘

전통의 강호였지만 지금은 주춤한 브레멘이다. 독일의 2014 브라질 월드컵 우승 주역 메수트 외질과 페어 메르테자커, 미로슬라프 클로제 등 스타플레이어들을 팀의 재정 부족으로 내보낼 수밖에 없었던 불운의 팀이다. 03-04 시즌에 23경기 연속 무패행진을 달성하며 분데스리가 우승을 차지했고 연거푸 DFB 포칼컵까지 차지하며 독일 축구 역사상 4번째로 '더블'을 달성한 클럽이 됐다.

이후 꾸준히 상위권에 이름을 올리며 유럽 챔피언스리그에 단골 손님으로 초대받았지만 주축 선수들의 이탈로 인해 지금은 중위권에 머물러 있는 상황이다. 13-14 시즌 팀의 부진으로 인해 14년 동안 팀을 이끌어 오던 토마스 샤프 감독이 사임하기도 했다. 전통적으로 공격을 중시하던 팀 컬러로 인해 외질을 비롯해 마르코 마린, 디에구 등 유능한 공격형 미드필더들이 이 팀을 거쳐갔다. 새로 부임한 로빈 두트 감독이 이전에 팀을 맡던 샤프 감독과 같이 오랫동안 팀의 중심을 잡아 줄 수 있을지 여부에 따라 팀의 성패가 갈릴 전망이다.

▲ 분데스리가의 흥행구도를 위해서는 브레멘의 부활이 필수이다

독수리는 다시 날아오를 수 있을까, 프랑크푸르트

차범근과 차두리가 몸담은 적이 있는 아인트라흐트 프랑크푸르트는 들쑥날쑥한 경기력을 보이고 있다. 11-12 시즌 2부 리그에서 2위를 거두며 1부 리그로 승격했다. 그리고 12-13 시즌 승격팀 돌풍을 일으키며 유로파리그 진출권을 거머쥐는데 성공했지만 이듬해 32강에서 FC포르투에 원정 다득점에서 밀리며 탈락하고 만다.

당시 포르투갈 원정 경기에 무려 2만 명에 달하는 프랑크푸르트 팬이 원정길에 나서며 화제를 모았다(필자의 친구들도 다수 포함되어 있다). 프랑크푸르트 팬들이 대절한 버스만 해도 200대에 달하며 하루를 꼬박 걸려 달린 끝에 독일에서 포르투갈에 도착했다고 한다. 이마저도 여의치 않은 팬들은 기차와 비행기를 이용해 이동했다고 하니 프랑크푸르트 팬들의 축구 사랑을 짐작해 볼만하다. 리그와 유럽대항전을 병행한 탓인지 분데스리가 성적이 좋지 못했고 아슬아슬하게 강등권을 탈출하며 13위로 시즌을 마감했다.

▲ 검빨군단 아인트라흐트 프랑크푸르트

프랑크푸르트는 재정이 좋지 못한 탓에 대형 영입을 하기 어려운 상황이다. 볼프스부르크에서 뛰던 구자철을 영입하기 위해 마인츠와 경쟁을 벌였지만 500만 유로(한화 약 60억원)를 지급할 여력이 되지 못해 영입에 실패한 이력이 있다. 이 탓에 주전 선수 일부분을 타 팀으로부터 임대해오고 있는 상황이고, 주전 미드필더이자 독일 청소년 국가대표 출신 제바스티안 융을 볼프스부르크로, 제바스티안 로데를 바이에른 뮌헨으로 보내며 앞으로 힘겨운 시즌을 보낼 것으로 예상되고 있다. 기존 아어민 페 감독이 사임하고 2014 시즌부터 새롭게 감독 자리에 오른 토마스 샤프 감독은 베르더 브레멘에서 오랜 기간 감독을 했던 이력을 살려 기존 자신이 키워낸 브레멘 출신 선수들을 새롭게 불러들이며 팀 컬러를 구축하고 있다.

2003년부터 프랑크푸르트에서 몸담은 차두리는 80경기 넘게 나가서 12골을 기록하는 등 팀의 1부 리그 승격에 공헌한 바 있다. 비록 팀 성적은 좋지 못하지만 독일에서 손꼽히는 경제 도시 프랑크푸르트를 연고로 하는 만큼 수많은 팬들이 매번 4만6천석 규모의 경기장을 가득 메우며 환상적인 경기장 분위기를 조성하고 모든 시민들이 프랑크푸르트 팀의 일거수 일투족을 주시하며 관심을 보인다. 아직까지도 차범근과 차두리 부자의 향기가 짙게 베인 프랑크푸르트이기에 또 다른 한국인 선수가 등장해 프랑크푸르트를 구원해 주기를 많은 팬들이 바라고 있다.

▲ 프랑크푸르트 시민들의 축구사랑은 상상을 초월한다

분데스리가의 잠자는 공룡, 함부르크

독일 프로축구가 탄생한 이래 단 한 번도 2부 리그로 강등된 적이 없는 팀이다. 하지만 최악의 2013-14 시즌을 보내며 16위로 시즌을 마감했고 2부 리그 3위 팀 그로이터 퓌르트와 승강 플레이오프를 펼쳤다. 이로 인해 강등의 위기를 맞이했지만 가까스로 잔류에 성공하며 역사를 이어갈 수 있게 되었다.

함부르크는 인근 지역의 베르더 브레멘과 '북독일더비'라고 불리는 치열한 라이벌 관계를 형성하고 있는데 승강 플레이오프 당시 브레멘 팬들이 대거 경기장에 입장해 상대팀인 그로이터 퓌르트를 응원할 것을 우려해 입장 티켓을 함부르크시에 주소지를 가진 자들에게만 한정해 팔았던 적이 있다. 이로인해 함부르크 구단이 우려했던 사태는 일정부분 막을 수 있었지만 다른 팀 팬들에게는 웃음거리가 되기도 했다.

오랜 역사를 가진 팀인 만큼 팬들이 많고 경기장 역시 UEFA 5성급 경기장에 선정됐을 정도로 세련되고 큰 수용규모를 자랑해 관중 순위에서 항상 상위권에 이름을 올리고 있다. 스타디움에 지금까지 함부르크가 1부 리그에 머문 시간을 나타내는 시계가 있는데 지금까지도 시계가 작동되고 있을 만큼 함부르크 팀에 대한 자부심이 대단함을 알 수 있다.

네덜란드의 전설적인 공격수 루드 반 니스텔루이와 한국의 손흥민이 한솥밥을 먹기도 했었고 라파엘 반 더 바르트가 주장을 맡고 있다. 또한 독일의 유명한 호랑이 감독 펠릭스 마가트를 비롯해 독일의 월드컵 우승 주역 제롬 보아텡과 벨기에의 주장 빈센트 콤파니 등이 이 팀에서 뛴 적이 있다. 13-14 시즌 최악의 부진을 겪으며 한 시즌에만 두 명의 감독이 경질된 적 있는 함부르크는 하루 빨리 팀을 정상화시켜 제 궤도에 올려놓는 것이 앞으로 가장 중요한 과제가 될 것으로 보인다.

▲ 함부르크의 주장 반 더 바르트

작은 읍내마을의 기적, 호펜하임

인구 6만 명의 작은 소도시, 특별한 것이라곤 없는 평범한 시골 마을이 축구팬들의 이목을 끌고 있다. 최하위 리그에 속해 있던 호펜하임이었지만 독일의 IT 전문기업 SAP의 창업가 다트마어 호프는 자신의 고향 호펜하임에 전폭적인 재정 지원을 시작한다. 2000년 최하위 리그로 시작한 이후 매해 한 단계씩 뛰어 오르며 마침내 결국 2008-09 시즌 1부 리그 무대에 모습을 드러내게 된다.

그들의 돌풍은 계속됐다. 호펜하임은 승격팀답지 않게 대담하고 공격적인 축구를 선보이며 17경기에서 42골을 뽑아냈고 승점 35점을 기록하며 전반기가 종료될 당시 순위표에서 가장 맨 위 자리를 차지했다.

호펜하임의 승승장구는 계속될 것으로 보였으나 부상이 발목을 잡고 만다. 팀내 득점 1위였던 이비세비치는 겨울 휴식기에 부상을 당하며 전열에서 이탈했고 다른 선수들 역시 줄줄이 부상으로 쓰러지며 위기를 맞이했다. 이로인해 다른 팀들에게 추월을 당하고 말았고 승격 원년 분데스리가 우승의 꿈은 물거품이 되고 말았다. 결국 호펜하임은 7위로 시즌을 마치게 된다.

이후 호펜하임은 1부 리그에 계속 잔류하며 다시 한 번 기적의 돌풍을 이룰 수 있기를 기대하고 있다. 그리고 2014-15 시즌을 앞두고 제 2의 이영표로 불리는 김진수를 영입하며 왼쪽 수비를 보강했다. 작은 시골마을이 또 다시 분데스리가 무대를 뒤흔들 수 있을지 주목된다.

▲ 분데스리가를 평정할 준비를 마친 김진수

4. 1부 리그 부럽지 않은 탄탄한 2부 리그

K리그가 2013년 출범 30주년을 맞아 파격적인 구조조정을 감행했다. 바로 한국 프로스포츠 사상 처음으로 2부 리그를 신설하고 승강제를 도입한 것이다. 처음 시도되는 정책인 만큼 반발은 컸다. 강등으로 인해 구단의 존폐를 걱정하는 목소리 역시 컸다.

독일 분데스리가의 경우 1부 리그를 구성하는 18개의 팀 중 강등을 경험하지 않은 팀은 함부르크 SV 뿐이다. 세계 최강 팀으로 군림한 바이에른 뮌헨의 팬들이 유일하게 오점으로 생각하는 부분이 '강등' 일 정도로 거의 모든 팀이 강등의 아픔을 겪은 바 있다. 이처럼 2부 리그인 분데스리가 2의 팀을 살펴보면 과거 화려한 역사를 가지고 있는 팀들이 많다.

가장 먼저 꼽히는 팀은 카이저슬라우테른이다. 2006 독일 월드컵을 성공적으로 개최할 정도로 크고 현대화된 경기장과 충성도 높은 팬을 보유한 카이저슬라우테른은 1900년대에 설립된 역사와 전통이 깊은 팀이다. 하지만 오래된 역사만큼이나 굴곡진 클럽의 역사를 보유하고 있다. 4번이나 분데스리가 트로피를 들어 올렸던 카이저슬라우테른이지만 11-12 시즌을 마치고 강등된 이후 2부 리그에서 머물고 있다. 12-13 시즌 2부 리그를 3위로 마치며 분데스리가 16위인 호펜하임과 승강 플레이오프를 치렀지만 2경기 모두 패배하며 승격의 꿈을 다시 접을 수밖에 없었다.

▲ 비상을 꿈꾸는 카이저슬라우테른

이러한 어려움의 이면에는 재정적인 어려움이 있다. 2006 독일 월드컵을 위하여 홈구장인 프리츠 발터 슈타디온의 리모델링을 추진했고 리모델링을 위한 무리한 재정 집행은 구단을 빚더미에 오르게 했다. 그 결과 좋은 선수들을 수급할 수 없었고 후유증이 이어져 분데스리가에서 큰 힘을 쓸 수 없었다.

또 다른 팀은 FC 쾰른이다. 독일 국가대표팀의 스타플레이어 루카스 포돌스키가 어릴 적 뛴 팀으로 유명한 FC 쾰른은 라인강을 따라 홈구장이 위치해 같은 라인강이 흐르는 보루시아 묀헨글라드바흐, 바이엘 레버쿠젠, 포르투나 뒤셀도르프와 라이벌 관계를 맺고 있다. 뿐만 아니라 쾰른은 독일에서 4번째로 큰 도시여서 수많은 팬들을 확보하고 있다. 분데스리가 초창기, 서독에서 가장 많은 승점을 쌓으며 성공적인 클럽으로 손꼽혔던 FC 쾰른은 77-78 시즌 우승컵을 들어올렸다. 하지만 1990년대에 들어 하락세를 탄 FC쾰른은 결국 97-98 시즌에 팀 역사상 처음으로 2부 리그로 강등되고 만다. 2년만인 99-00 시즌 2부 리그를 석권하며 꿈에 그리던 분데스리가 무대에 재등장했지만 이 역시 오래가지 못하고 01-02 시즌 다시 강등되며 1부와 2부를 오가는 하위권 팀으로 전락하고 만다. 하지만 13-14 분데스리가 2부리그에서 압도적인 전력 차로 우승을 차지하며 당당히 1부 리그 승격의 기쁨을 누렸다. 2부 리그에 머물러 있어도 5만여 관중을 동원하는 FC 쾰른이 분데스리가 무대에 복귀함으로 인해 분데스리가 흥행에 불이 붙을 것으로 보인다.

▲ 13-14 시즌 2부 리그를 제패하고 당당히 승격한 쾰른

FC 쾰른의 라이벌이자 차두리가 FC서울로 이적하기 전 뛰었던 포르투나 뒤셀도르프 역시 인기 클럽이지만 2부 리그에 머물러 있는 팀이다. 12-13 시즌 강등되어 2부 리그에서 뛰게 된 포르투나 뒤셀도르프는 1979년과 1980년 2년 연속으로 독일의 FA컵 격인 DFB 포칼을 제패한 저력있는 팀이었다. 그 여세를 몰아 1979년 UEFA 챔피언스리그의 전신인 UEFA 위너스컵에서 우승을 차지할 정도로 유럽을 대표하는 팀이었지만 1987년 강등 이후 포르투나 뒤셀도르프는 1부 리그와 2부 리그를 오가는 그저 그런 팀이 되고 만다.

▲ 2부 리그이지만 1부 리그 못지않은 관중 동원력을 보여주는 뒤셀도르프

02-03 시즌 때는 3부 리그인 레기오날리가로 강등될 정도였으니 유럽을 제패했던 팀의 몰락은 많은 이들의 가슴을 아프게

했다. 11-12 시즌 2부 리그에서 3위를 거두고 분데스리가 16위 팀인 헤르타 베를린과 승강플레이오프에서 승리를 거두며 야심차게 12-13 분데스리가를 준비했던 포르투나 뒤셀도르프였지만 마지막 라운드에서 하노버에게 완패를 당하며 승리를 거둔 아우크스부르크와 승점이 역전되며 강등의 주인공이 되고 만다. 시즌 종료 한 달 전만 하더라도 잔류 1순위로 평가 받았지만 시즌 막판 부진을 거듭하고 다른 경쟁 팀들이 승점을 쌓는 바람에 강등 당하고 말았다. 당시 마지막 라운드에서 한국의 지동원이 같은 강등권의 아우크스부르크를 강등에서 구원하는 쐐기골을 터트리며 뒤셀도르프를 강등시킨 장본인으로 등극해 아우크스부르크 팬들의 영웅으로 자리매김하기도 했다.

이들 세 팀은 강등이라는 절망적인 순간을 맞이했지만 이에 단념하지 않고 승격과 클럽의 부활을 위해 지금 이 순간에도 노력하고 있다. 또한 2년 전 승격한 아인트라흐트 프랑크푸르트는 승격팀 돌풍을 일으키며 13-14시즌 유로파리그에 진출해 16강까지 오르기도 했다. 13-14시즌 새로이 올라온 헤르타 베를린 역시 그간의 설움을 토해내듯이 승승장구하며 안정적으로 중위권에 안착해 앞으로 분데스리가 무대에서 꾸준히 볼 수 있을 전망이다.

그리고 승격 팀의 전설을 쓰고 있는 한 팀이 있다. 바로 아인트라흐트 브라운슈바이크이다. 독일 북서부 니더작센 주에 위치한 작은 시골도시 브라운슈바이크는 무려 28년 만에 분데스리가 1부 리그에 합류하는 쾌거를 이루어냈다. 십 년이면 강산이 변한다는 말이 있는데 3번 강산이 변할 동안 하부리그에서 와신상담하며 승격의 꿈을 키워 나가다 드디어 12-13 시즌 승격에 성공한 것이다. 게다가 이들은 3년 전까지만 해도 3부 리그에 속해 있었기에 승격의 기쁨은 배가 되었다. 13-14 시즌, 지역 라이벌 볼프스부르크, 하노버와 28년 만에 1부 리그에서 펼친 니더작센 더비 때는 28년 동안 당해왔던 놀림에 복수를 하듯이 강호 볼프스부르크를 원정에서 2-0으로 격파하고 하노버와는 무승부를 기록하며 브라운슈바이크의 귀환을 독일 전역에 알렸다. 그리고 상위 그룹에 안착한 레버쿠젠의 발목까지 잡으며 더 이상 무시할 수 없는 팀이라는 것을 증명했다.

▲ 브라운슈바이크의 행복했던 순간

이들이 선전하자 일부 팀들의 서포터들은 28년 만에 원정경기에 온 것을 축하한다는 걸개를 내걸 정도로 브라운슈바이크의 선전은 많은 독일인들에게 감명을 주었다. 비록 승격 팀이라는 전력상의 한계로 하위권에 머물러 있지만 브라운슈바이크가 보여준 선전은 박수 받아 마땅하다. 브라운슈바이크는 분데스리가 최하위로 시즌을 마감하며 파란만장했던 한 해를 마감했다.

이처럼 강등은 '끝'이 아니라 새로운 시작일 뿐이다. 구단과 선수는 물론이고 팬들 역시 묵묵히 노력한다면 승격이라는 결실을 맺을 수 있을 것이다. 지난 시즌 나란히 UEFA 챔피언스리그 결승에 올랐던 바이에른 뮌헨과 도르트문트 역시 강등의 아픔을 간직하고 있었지만 실력을 가다듬은 끝에 유럽 최정상의 무대에 설 수 있었다. 승격 팀들은 기존 팀들을 위협할만한 다크호스로, 강등 팀들은 실력을 가다듬어 다시 승격해 최상위 무대에서 겨룰 수 있기를 기원한다.

5. 분데스리가가 존재하는 이유 '더비'

축구에서 라이벌의 존재는 흥행 보증수표라고 할 수 있다. K리그 클래식 최고의 매치업인 FC서울과 수원 블루윙즈의 슈퍼매치만 보더라도 평소보다 훨씬 많은 관중들이 경기장을 찾고 시청률 역시 폭발적인 반응을 보이는 것을 알 수 있다.

이러한 라이벌 팀 간의 경기를 '더비' 라고 부른다. 영국의 도시인 '더비'에서 유래한 '더비 매치'는 같은 지역 연고팀들 사이의 경기에서만 사용했지만 지금은 치열한 라이벌 간의 경기를 뜻하는 것으로 의미가 확장되었다. 치열한 더비 경기는 선수들에게는 승리를 향한 큰 동기부여를, 팬들에게는 열광적인 응원을 유도하는 긍정적인 효과를 불러일으킨다.

독일 역시 축구의 역사가 100년을 넘다보니 다양한 더비 매치가 존재하고 있다. 더비 매치가 열리는 날이면 경기가 열리는 도시는 온통 자신이 응원하는 축구팀의 상징 색깔로 물들고 경기 시작 훨씬 전부터 양 팀 서포터간의 응원열기로 도시가 달아오른다. 독일에 존재하는 많은 더비 매치 중 최근 가장 '핫' 한 더비는 바이에른 뮌헨과 보루시아 도르트문트가 펼치는 '데어 클라시커' 이다.

직역하면 '전통의 경기' 라는 뜻을 가지고 있는 '데어 클라시커'는 레알 마드리드와 FC 바르셀로나가 펼치는 '엘 클라시코'와 같은 의미이기도 하다. '데어 클라시커'는 최근 분데스리가 판세를 바이에른 뮌헨과 도르트문트가 양분하며 큰 주목을 받고 있다. 지난 5년 동안 VFL 볼프스부르크가 1회 우승한 것을 제외하고 도르트문트와 바이에른 뮌헨이 각각 2회씩 분데스리가 우승을 차지하며 공동 독주 체제를 형성하고 있는 형국이다.

▲ 언제나 치열한 승부, 데어 클라시커

이처럼 독일 국내에서 치열한 접전을 펼치던 양 팀의 '데어 클라시커'는 2013년 새로운 역사를 쓰게 된다. 바로 '별들의 전쟁' 12-13 UEFA 챔피언스리그 결승전에서 '빅 이어'를 두고 격돌한 것이다. 이를 계기로 '데어 클라시커'는 독일을 넘어 전 세계인들이 주목하는 매치업으로 성장한다. 축구 성지 영국 런던의 웸블리 스타디움에서 열린 12-13 UEFA 챔피언스리그 결승전이자 '데어 클라시커'에서 결승골을 터트린 로벤의 뮌헨이 우승컵 '빅 이어'를 가져갔지만 얼마 뒤 분데스리가 우승팀과 DFB 포칼 우승팀이 맞붙은 독일 슈퍼컵에서 도르트문트가 뮌헨에 4-2로 승리하며 복수에 성공했다. 하지만 13-14 시즌 분데스리가와 DFB 포칼 모두 뮌헨이 도르트문트를 제압하고 우승 트로피를 들어 올리며 도르트문트에게는 최악의 시즌으로 남게 되었다.

▲ 괴체는 도르트문트 팬들에게 상처를 줬다

이들은 경기장에서 뿐만 아니라 장외에서도 신경전을 펼친다. 12-13 UEFA 챔피언스리그 4강전 이후 도르트문트의 프렌차이즈 스타 '마리오 괴체'가 바이에른 뮌헨으로 이적하며 두 클럽 간의 갈등의 골은 깊어졌다. 도르트문트 팬들은 괴체를 향해 '돈만 보고 떠난 반역자'라고 지칭하는 걸개를 내걸 정도이니 양 팀의 관계를 짐작할 수 있다. 또한 '보스만 룰'을 이용해 도르트문트의 골잡이 레반도프스키를 이적료 없이 뮌헨이 데려오며 도르트문트 팬들의 배신감은 이루 말할 수 없을 정도로 크다. 레반도프스키 역시 극성 도르트문트 팬들로부터 테러 위협을 받기도 했다. 괴체는 바이에른 뮌헨 유니폼을 입고 처음 도르트문트 원정 경기를 치를 당시 교체 명단에 이름을 올렸고 경기 중 경기장 한 켠에서 다른 선수들과 몸을 풀고 있었지만 자신을 향한 8만여 관중의 야유를 이기지 못하고 실내에서 워밍업을 마친 후 교체 투입되기도 했다.

▲ 바람잘 날이 없는 양 팀의 승부

하지만 양 팀이 매번 으르렁거리는 사이는 아니다. 2000년대 도르트문트가 재정위기 속에서 허우적거릴 때 바이에른 뮌헨은 통 크게 도르트문트를 위해 금전을 지원하며 도르트문트가 회

생활 수 있는 발판을 마련해 주었다. 바이에른 뮌헨의 회장 율리 회네스는 다른 분데스리가 팀들과 공생해야 리그가 발전한다는 가치관을 가지고 도르트문트 뿐만 아니라 다른 팀들을 도와주는 선행을 베풀기도 했다.

▲ 광부들과 포즈를 취하는 라울 곤잘레스

한편 독일의 또 다른 치열한 더비는 샬케04와 도르트문트가 맞붙는 '레비어 더비'이다. 대한민국의 레전드 이영표가 도르트문트 유니폼을 입고 처음 분데스리가에 데뷔한 무대가 바로 레비어 더비이기도 하다. '데어 클라시커'가 경기장 안에서 혈투가 펼쳐진다면 '레비어 더비'는 경기장 안에서 뿐만 아니라 장외에서도 양 팀 서포터간의 충돌이 빈번하게 일어난다. 특히 양 팀 간의 충돌을 막기 위해 중간에 투입된 경찰이 자신들의 싸움을 막는 것에 화가 난 양 팀 훌리건들에 의해 폭행당하는 웃지 못할 해프

닝이 일어나기도 했다. 양 팀의 강성 울트라스들은 '레비어 더비' 만을 고대하며 싸울 날을 기다린다는 우스갯소리도 있다.

독일에서 가장 열광적이고 혈투가 펼쳐지는 더비를 꼽으라면 독일인들은 주저 없이 레비어 더비를 꼽을 정도이니 양 팀의 경기는 매번 사건 사고와 명승부를 펼친다.

독일 서부 노르트라인 베스트팔렌 주를 연고로 하는 도르트문트와 샬케는 지역적으로 가까운 위치로 인해 뿌리 깊은 라이벌 구도를 형성하고 있다. 철, 아연, 구리 등 광물 자원이 풍부한 겔젠키르헨에 자리 잡은 샬케 선수단은 매년 특별한 이벤트에 참가한다. 서포터즈들과 함께 광산 노동 체험을 진행하며 과거 광부들이 힘들게 일궈낸 팀을 잊지 않으려 노력하고 광부들의 노고를 깨닫게 하고 있다. 그리고 이를 통해 팀 스피릿을 강화시키고 지역 사회와 친밀감을 높이며 샬케의 지지자를 유지, 양산하고 있다. 뿐만 아니라 경기장 곳곳에 광부의 상징인 곡괭이를 새겨놓고 있고 샬케의 별칭 역시 'Die Knappen(광부들)' 일 정도이니 지역 사회와 샬케의 밀착 관계를 짐작할 수 있다.

이에 반해 도르트문트의 별칭은 'Die borussen' 이다. 이는 과거 독일을 지배하던 '프로이센'의 라틴어 표기이다. 중세시대 도르트문트와 라인 강을 기반으로 찬란한 역사를 가진 '프로이센 제국'은 독일 제국 시절 프로이센이 의회의 의결권, 사법권, 군사권을 독점할 정도로 큰 영향력을 자랑했다. 이처럼 독일의 상징적인 중세 국가 프로이센을 별칭으로 하며 독일을 대표하는 클럽이라는 것을 도르트문트는 강조하고 있다.

자신의 클럽에 대한 자부심으로 가득찬 샬케와 도르트문트는 지금까지 144번의 레비어 더비를 치렀다. 샬케가 57승 37무 49패로 우세에 있지만 최근 도르트문트의 기세가 무섭기에 상대전적은 무의미한 모습이다. 이들의 경기 내용 역시 치열해 부상자가 속출하고 관중 난동으로 인해 경기가 지연되기도 하는 등 경기 내외적으로 수많은 사건이 일어난다.

▲ 경기 후 충돌하는 양 팀 선수단

양 팀의 더비는 오래된 역사만큼이나 수많은 악연을 가지고 있다. 그 중에서도 손꼽을 수 있는 사건은 1969년 사자 사건을 들 수 있다. 사건의 발단은 도르트문트 홈에서였다. 도르트문트의 안내원이 손에서 개를 놓쳤고 그 개는 샬케의 선수였던 프리델 라우쉬를 물어버리고 말았다. 이에 격분한 샬케의 회장은 돌아오는 샬케의 홈에서 열린 레비어 더비에서 터치라인에 사자를 내어 두며 도르트문트 선수단에게 공포 분위기를 조성하기도 했다. 또한 2011년에는 샬케의 골문을 지키던 마누엘 노이어(현 바이에른 뮌헨)와 도르트문트의 케빈 그로스크로이츠가 경기 후 물리적 충돌을 일으키기도 했다.

 이처럼 오랜 역사를 향유한 더비 매치는 재미있는 스토리를 차곡차곡 쌓고 명승부를 펼치며 사람들의 입에 오랫동안 오르내리게 된다. 이는 결국 클럽의 가치를 높이는 중요한 일이기도 하다.

6. 분데스리가와 외국인 선수들

 지금 우리는 '글로벌 시대'에 살고 있다. 정부가 발표한 통계에 따르면 국내 거주 외국인은 145만 명으로 하나의 광역시를 이룰 수 있을 만큼 많은 수의 외국인이 국내에 정착해서 살고 있다. 일제로부터 독립한지 불과 60여년이 지났음에도 불구하고 현재의 수치처럼 많은 외국인들이 우리나라에 자리 잡은 것이다.
 우리보다 앞서 외국인들에게 문호를 개방한 독일은 어떨까? 독일에서 가장 큰 비중을 차지하는 외국인은 터키인이다. '터키 제2의 도시가 베를린이다'라는 농담이 있을 정도로 많은 터키인들이 독일에서 살고 있다. 우리나라에 동네마다 중국요리 식당이 있고 많은 중국인들이 살고 있듯이 독일에도 동네마다 케밥 전문점이 있을 정도이니 독일에 얼마나 많은 터키인들이 살고 있는지 짐작할 수 있다. 독일에서 뛰고 있는 손흥민 역시 독일 공영방송 ZDF와의 인터뷰에서 Döner(케밥의 독일식 이름)를 즐겨 먹는다고 할 정도로 독일에서 인기 있는 음식 중 하나이다.
 독일에 정착해 독일 국적을 가지게 된 수 많은 터키 이민자 2세들 중 축구에 재능을 보이는 사람들 역시 상당수이다. 그 중 두각을 드러내는 선수를 꼽으면 단연 아스널의 메수트 외질을 꼽을 수 있다.

▲ 브레멘에 입단한 '어린' 외질

　외질은 샬케04가 연고지로 삼고 있는 독일 서부 겔젠키르헨에서 태어났다. 터키 이주 노동자인 부모 밑에서 자란 외질은 어려서부터 다른 이민 가정 아이들과 어울려 축구를 했고 축구에 대한 재능을 발견하게 된다. 샬케 유스팀에 입단한 외질은 샬케에서 큰 출장 기회를 받지 못했고, 430만 유로의 이적료로 베르더 브레멘에 이적한다. 외질은 브레멘에서의 환상적인 활약과 U-21 유럽 청소년 선수권 대회에서 독일을 우승으로 이끌며 남아공 월드컵 독일 대표팀에 승선한다. 그리고 남아공 월드컵은 그가 월드클래스의 선수라는 것을 입증하는 무대가 되었다. 월드컵에서 넓은 시야와 그의 전매특허인 날카로운 패스, 안정적인 볼컨트롤을 선보여 21살의 나이에 일약 독일의 떠오르는 신성으로 도약했고 월드컵 직후 세계 최고의 클럽 레알 마드리드에 입단한다.

그는 2선에서 공격수를 지원하는 공격형 미드필더로 배치되어 세계 최고의 공격수 크리스티아누 호날두의 공격을 도우며 환상의 콤비로 거듭났다. 그리고 10-11, 11-12, 2년 연속 프리메라리가 도움왕에 오르며 세계 최고의 플레이메이커로 자리매김했다. 레알 마드리드에서 승승장구하던 외질이지만 말라가 출신의 스페인 신성 이스코와 엄청난 이적료를 들여 영입한 1억 파운드의 사나이 가레스 베일의 영입에 불만을 품고 이적 요청을 하게 된다. 그리고 8년 동안 우승 트로피를 들지 못한 북런던의 강호 아스널이 역대 최고 이적료 4000만 파운드를 투자하며 외질을 영입하는데 성공했다.

레알 마드리드는 검증되지 않은 베일을 비싼 가격에 사오고 검증된 공격수 외질을 싼 가격에 팔았다는 이유로 팬들의 거센 반발에 부딪쳤다. 또한 외질의 어시스트로 수많은 골을 넣을 수 있었던 호날두 역시 외질의 이적에 불만을 표출하기도 했다. 레알 마드리드에서 엄청난 존재감을 보여줬던 외질은 아스널 이적 첫 경기에서 10분 만에 올리비에 지루의 골을 어시스트하며 화려한 잉글랜드 무대 데뷔를 알렸다. 외질 효과일까, 아스널은 13-14 시즌 FA컵 우승을 차지하며 9년만의 무관의 한을 풀었다.

또 다른 터키계 독일 축구 선수는 꿀벌 군단의 중원을 책임지는 일카이 귄도간이다. 외질과 같이 겔젠키르헨에서 축구를 시작한 귄도간은 보훔, 뉘른베르크를 거쳐 2011년 도르트문트에 둥지를 틀었다.

▲ 꿀벌 군단의 '척추' 귄도간

2011년 여름, 도르트문트와 4년 계약을 체결한 귄도간은 브라질과의 친선경기를 준비하던 요아힘 뢰브 독일 국가대표팀 감독의 눈에 띄어 처음 대표팀에 이름을 올렸다. 이후 역습을 통한 공격을 추구하는 도르트문트에서 2선의 분데스리가 탑 공격수 마리오 괴체, 카가와 신지, 마르코 로이스에게 패스를 찔러주며 공격의 시발점 역할을 한 귄도간은 도르트문트의 분데스리가 우승에 공헌하며 이적 첫 해 우승 트로피를 들어올리는 영광을 누렸다.

이후 도르트문트의 UEFA 챔피언스리그 준우승에 공헌했지만 2013년 허리디스크 부상을 앓으며 전열에서 이탈했다. 레알 마드리드, FC바르셀로나, 맨체스터 유나이티드 등 중앙 미드필더를 필요로 하는 수많은 클럽들과의 이적설에 휘말린 귄도간이지만 도르트문트와 재계약을 맺으며 재도약을 준비하고 있다. 귄도간이 고질적인 허리 부상을 이겨내고 재기에 성공할 수 있을지 주목된다.

 터키계 이외에도 폴란드 출신의 미로슬라프 클로제, 루카스 포돌스키와 가나에 뿌리를 두고 있는 바이에른 뮌헨의 수비수 제롬 보아텡 등 많은 다양한 민족의 선수들이 독일 대표팀에 발탁되어 활약하고 있다.

▲ 유로 2008에 나란히 출전한 클로제와 포돌스키

특히 포돌스키는 폴란드와의 유로 2008 경기에서 2골을 넣고도 기뻐하지 못한 채 경기 후 눈물을 흘려 많은 이들의 가슴을 아프게 했다.

외국인에게 문호를 개방한 우리나라에서 외국계 축구 선수가 뛰지 말라는 법은 없다. 대표팀에 뽑을 수 있는 가용자원이 더 많아지면 다양한 선수를 선택할 수 있는 장점이 생긴다. 과거 대표팀 감독을 맡고 있던 최강희 감독이 전북의 에닝요를 귀화시키기를 원했던 것과 같은 맥락이다. 다문화에 대한 사회적 인식이 앞으로 점점 좋아진다면 독일과 같이 다국적 선수들을 응원할 날이 머지않아 도래할 것으로 보인다.

7. 바이에른 뮌헨과 펩 과르디올라

바이에른 뮌헨은 유럽 축구계의 지각변동을 가져왔다. 절대 무너지지 않을 것 같던 세계 최강 FC 바르셀로나를 12-13 UEFA 챔피언스리그 4강에서 1차전에서 4-0, 2차전에서 3-0으로 완파한 바이에른 뮌헨은 명실상부 바이에른 뮌헨의 시대가 도래했음을 전 세계 축구팬들에게 알렸다. 파죽지세를 달리던 바이에른 뮌헨은 결승전에서 라이벌 도르트문트를 꺾고 다섯 번째 UEFA 챔피언스리그 우승을 차지하게 된다.

▲ 바이에른 뮌헨이 티키타카를 구현할 수 있을까

바이에른 뮌헨을 이끌고 분데스리가, DFB 포칼에 이어 UEFA 챔피언스리그까지 우승시키며 12-13 시즌 트레블을 달성한 독일의 유프 하인케스 감독은 스스로 감독직에서 물러나게 된다. 세계 축구사에 길이 남을 우승 기록을 달성한 후 바이에른 뮌헨의 선택은 '티키타카'의 대명사 FC 바르셀로나의 감독 펩 과르디올라이었다.

과르디올라의 부임은 팬들의 우려를 낳았다. 먼저 전임 감독 하인케스가 너무나도 뛰어난 기록을 세웠기 때문에 선수단의 동기부여가 떨어질 것이라는 지적이었다. 또한 과르디올라의 축구 철학과 바이에른 뮌헨의 축구 철학이 맞지 않을 것이라는 바이에른 뮌헨 출신 레전드들의 반발이 있기도 했다. 하지만 과르디올라는 차근차근 자신의 축구를 바이에른 뮌헨에 이식시키기 시작했다.

처음 시작은 순탄치 않았다. 바이에른 뮌헨 감독 부임 후 첫 공식 경기인 독일 슈퍼컵(시즌 개막전 이전 시즌 분데스리가 우승팀과 DFB 포칼 팀이 겨루는 단판 승부)에서 도르트문트에 2-4 완패를 당하고 만다. 이로써 2009년 FC바르셀로나에서 자신이 이룬 6관왕을 재현하는데 실패했을 뿐만 아니라 기분 좋게 시즌을 시작할 수 없게 되었다.

때문에 많은 이들이 과르디올라가 이끄는 바이에른 뮌헨에 우려를 표했다. 하지만 그들의 걱정은 기우에 불과했다. 분데스리가 개막전에서 보루시아 묀헨글라드바흐를 압도적인 전력 차를 자랑하며 3-1 승리로 기분 좋게 시작했고 이후 승승장구하며 또 다른 독일 축구의 역사를 쓰게 된다. 2013년 12월 14일, 13-14

분데스리가 전반기 마지막 경기 함부르크 SV와의 16라운드 홈경기에서 3-1 승리를 거두며 전반기 16경기에서 무려 승점 44점을 올리는 괴력을 발휘했다. 이는 분데스리가 역사상 전반기 최고 승점이기도 했다. 종전 기록은 자신들이 01-02 시즌에 수립한 41점이었으니 자신의 손으로 새로운 역사를 쓰게 된 셈이다. 이 뿐만 아니라 바이에른 뮌헨은 분데스리가 역사상 처음으로 2013년 한 해 동안 분데스리가 무패를 기록했다. 그리고 2013년 한 해 동안 무려 승점 93점을 올리며(30승 3무), 2005년에 자신들이 수립했던 한 해 최다 승점 기록인 87점을 6점 차로 넘어섰다.

기분 좋게 전반기를 마친 후 모로코로 넘어가 유럽 챔피언 자격으로 참가한 FIFA 클럽월드컵에서 아시아 챔피언 광저우 에버그란데와 모로코의 라자 카사블랑카를 가볍게 제압하고 세계 챔피언 자리에 오른다.

▲ 세계 최강자리에 올라선 바이에른 뮌헨

독일에 돌아온 바이에른 뮌헨은 후반기에도 무시무시한 기록들을 세워 나갔다. 2014년 3월 26일 펼쳐진 헤르타 베를린과의 경기에서 승리를 거두며 27경기 만에 우승을 확정지었다. 이는 지난 시즌 자신들이 28경기 만에 세운 우승 기록에서 한 경기 앞당긴 신기록이자 사상 처음으로 3월에 우승을 확정짓는 팀이 되기도 한다.

조기 우승 확정의 후유증이었을까, 바이에른 뮌헨은 이후 흔들리는 모습을 보인다. 호펜하임과의 홈경기에서 난타전 끝에 가까스로 3-3 무승부를 거두더니 아우크스부르크와의 분데스리가 29라운드 원정 경기에서는 체력 안배 차원에서 유스 선수들을 대거 출전시켰으나 이들이 기대 이하의 모습을 보이며 0-1 패배의 일격을 당하고 만다. 이는 치명적이었다. 자신들이 53경기 동안 이어오던 무패 기록이 깨졌고 524일 만에 패배를 기록하게 된다. 또한 무득점에 그치며 65경기 동안 이어오던 연속 득점 기록 행진 역시 멈추게 된다.

이후 UEFA 챔피언스리그 4강전에서 레알 마드리드에게 덜미를 잡히며 2년 연속 챔피언스리그 우승에는 실패했다. 후반기 바이에른 뮌헨은 흔들렸지만 도르트문트와의 DFB 포칼 결승전에서 승리를 거두며 2년 연속 DFB 포칼 우승과 함께 더블(리그 우승과 DFB 포칼 우승)을 이룬다.

과르디올라의 첫 시즌을 실패라고 평가할 수는 없을 것이다. 후반기 흔들리는 모습을 보이기 전까지 압도적인 경기력으로 독일과 유럽 그리고 세계무대를 평정했기 때문이다. 과르디올라의 바이에른 뮌헨 전술의 핵심은 필립 람이다.

▲ DFB 포칼컵 우승을 거둔 바이에른 뮌헨

 필립 람은 바이에른 뮌헨과 독일 대표팀의 오른쪽 측면 수비수의 터줏대감이다. 하지만 과르디올라는 람을 중앙 미드필더로 기용하는 용병술을 선보인다. 측면 수비수로 뛰던 선수가 중앙 미드필더로 뛸 수 있을지에 대해 많은 사람들이 의구심을 표했다. 단지 중앙 미드필더 자원들의 줄부상으로 인한 궁여지책으로 예상했다.

 하지만 람은 중앙 미드필더로 나선 경기에서 바이에른 뮌헨의 모든 패스의 시발점 역할을 하며 과르디올라 감독의 기대에 부응한다. FC 바르셀로나 시절 패스 마스터가 사비였다면 사비의 역할을 바이에른 뮌헨에서 람이 맡은 것이다. 1078개의 패스를 시도, 1007개의 패스를 성공하며 한 경기 최다 팀 패스 신기록을 세웠던 헤르타 베를린과의 경기에 중앙 미드필더로 출전한 람은 133개의 패스를 시도해 100%의 성공률을 보여주며 패스 마스터로서의 면모를 드러냈다.

▲ 독일의 심장, 필립 람

 또 다른 과르디올라 전술의 핵심은 하비 마르티네스이다. 스페인의 아틀레틱 빌바오에서 이적해온 수비형 미드필더 하비 마르티네스는 때에 따라 중앙 수비수로도 기용되며 멀티 플레이어 능력을 과시하고 있다. 하지만 하비 마르티네스의 진가는 따로 있다. 포백을 사용하는 과르디올라 축구에서 양 측면 수비수는 활발히 공격에 가담하고 두 명의 센터백과 수비형 미드필더, 하비 마르티네스가 변형 스리백을 형성하며 수비진을 이루고 있다. 다비드 알라바와 람(또는 하피냐)이 활발히 공격 가담을 할 수 있는 데는 하비 마르티네스의 헌신적인 수비의 공이 크다. 하비 마르티네스는 14-15 시즌 개막을 앞두고 열린 도르트문트와의 독일 슈퍼컵에서 십자인대 부상을 당해 전치 6개월 진단을 받았다. 바이에른 뮌헨은 물론 선수 본인의 커리어에 치명적인 부상이었다. 부상에서 완쾌하고 정상적인 모습으로 복귀하는 것이 중요할 전망이다.

▲ 전천후 미드필더 하비 마르티네스

중앙 미드필더에서는 토니 크로스가 공격 전개를 맡고 있다. 공격형 미드필더로 나서 패스를 뿌려주는 역할을 맡은 크로스는 평균 92%의 패스 성공률을 보여주며 과르디올라식 티키타카 패스 축구에서 큰 역할을 맡고 있다. 그리고 도르트문트에서 13-14 시즌에 새로 합류한 마리오 괴체는 후반 승부수로 투입될 경우 1선과 2선을 자유롭게 넘나드는 제로톱으로 활용되고 있다. 활발한 움직임과 개인기뿐만 아니라 직접 해결할 수 있는 득점력까지 갖춘 괴체이기에 후반 공격 실마리를 풀기 위한 조커 역할을 기대하는 것이다.

또한 최전방 공격수 마리오 만주키치는 활발한 움직임으로 전후좌우 가리지 않고 움직이며 수비수들의 시선을 분산시키고 이 틈을 타 양쪽 측면 공격수 리베리와 로벤이 공격 찬스를 만들어 골을 성공시키는 패턴의 공격을 보여주고 있다.

이처럼 많은 패스를 바탕으로 압도적인 점유율을 가져가며 상대를 조금씩 압박하는 과르디올라의 축구는 많은 논란을 낳고 있긴 하지만 현재까지는 성공했다고 볼 수 있다. 바이에른 뮌헨과 2016년까지 계약을 맺은 과르디올라이기에 그의 성공 여부를 판단하려면 좀 더 시간을 두고 지켜봐야 할 것으로 보인다. 그리고 크로스가 레알 마드리드로 만주키치가 아틀레티코 마드리드로 이적한 상황에서 새로 팀에 입단한 제바스티안 로데와 로베르토 레반도프스키가 기존의 선수들만큼의 좋은 활약을 펼쳐 줄지도 관건이다. 또한 14-15 시즌을 앞두고 레알 마드리드로부터 '패스 마스터' 사비 알론소를 영입해 공격의 실마리를 풀기 위한 해법을 찾으려 하고 있다.

8. 뮌헨의 아성을 넘보는 도르트문트와 클롭

최근 5년 동안 급속도로 성장한 분데스리가 클럽이 있다. 이 팀의 특이한 점은 스타 플레이어들이나 구단의 막대한 자금력보다 감독에 의해 팀이 환골탈태했다는 점이다. 바로 보루시아 도르트문트이다.

클롭 감독 부임 전 중위권을 머무르던 그저 그런 팀, 도르트문트는 2008년 클롭 감독이 지휘봉을 잡은 첫 시즌 리그 5위로 시즌을 마감하며 다음 시즌 유로파리그 진출권을 따내는데 성공한다. 다음 시즌 역시 5위로 마감하며 상위권으로 도약하기 위한 예열 작업에 돌입한 도르트문트는 마침내 10-11 시즌 분데스리가 정상에 오르며 화려한 재기를 알렸다. 9년만의 분데스리가 마이스터 샬레를 들어 올린 도르트문트는 파죽지세로 11-12 시즌마저 제패했다. 분데스리가 2연패에 성공한 도르트문트는 클럽 역사상 8번째 분데스리가 우승을 차지하는 기록을 세웠다. 분데스리가 상위권 단골손님으로 자리 잡은 도르트문트는 다음 시즌 UEFA 챔피언스리그(이하 UCL)에서 그들의 진가를 발휘한다.

▲ 손가락 4개는 무엇을 의미하는 것일까

12-13 UCL 조별예선에서 레알마드리드, 맨체스터 시티, 아약스와 함께 D조에 배정받은 도르트문트는 그야말로 죽음의 조라는 평가와 함께 쉽지 않은 조별예선이 될 것이라는 예상이 지배적이었다. 스페인, 잉글랜드, 독일, 네덜란드 리그의 챔피언들이 한 조에 모인 진정한 챔피언들의 그룹이었기 때문이다. 하지만 걱정은 기우였다. 레알 마드리드, 맨체스터 시티 등 각 리그의 자존심들을 연거푸 격파하며 4승 2무, 무패를 기록하며 16강에 진출한다.

이후 16강전에서 샤흐타르 도네츠크, 8강에서 후반 추가시간에 터진 극적인 역전골로 말라가를 제압하며 4강에 오른 도르트문트가 만난 상대는 조별예선에서 만났던 레알 마드리드였다. 또 다른 4강 대진은 지구 최강팀이라 불리던 FC바르셀로나와 바이에른 뮌헨이었기에 모두가 엘클라시코 결승전이 펼쳐질 것이라 예상했다. 하지만 도르트문트는 이와 같은 예상을 보기 좋게 꺾고 레알 마드리드를 1승 1패, 통합 스코어 4-3으로 제압하며 UCL 결승전을 '데어 클라시커'로 장식한다.

비록 결승전에서 뮌헨의 로벤에게 결승골을 허용하며 준우승에 머물렀지만 많은 이들이 도르트문트의 선전을 예상하지 못했기에 그들의 성과는 칭찬받아 마땅하다. 그리고 분데스리가 2연패와 UCL 준우승 등 이들의 원동력을 꼽으라면 단연 클롭 감독의 지도력이 첫 손가락에 꼽힌다.

▲ 도르트문트의 영웅 위르겐 클롭

먼저 선수 영입에서 그의 능력을 엿볼 수 있다. 감독 부임 후 도르트문트의 기반을 닦기 위해 선수를 찾던 그는 부임 첫해, 지금까지 도르트문트의 수비에서 중추적인 역할을 맡고 있는 네벤 수보티치를 자신이 감독으로 있던 마인츠로부터 350만 유로에 영입하며 선수영입의 신호탄을 터트렸다. 이어 이영표를 50만 유로에 영입해 수비 안정화에 힘썼다.

▲ 이영표의 도르트문트 시절

 이듬해 09-10 시즌, 독일 국가대표 마츠 훔멜스를 420만 유로에, 수비형 미드필더 스벤 벤더를 트레이드로, 측면 수비와 윙어 역할을 맡을 수 있는 멀티 플레이어 그로스크로이츠를 자유계약에 영입하며 전성기의 도르트문트를 구축하는데 불과 800만 유로(한화 약 120억)에 미달하는 금액으로 최대의 성과를 이룩해내는 엄청난 결과를 냈다. 그리고 10-11시즌에 피스첵, 카가와 신지, 괴체, 레반도프스키 등을 영입하는데 단 500만 유로만을 지출했고 특히 35만 유로에 데려온 카가와 신지의 경우 2012년 맨체스터 유나이티드로 이적시킬 때 약 40배에 달하는 1400만 유로의 이적료를 벌어들이는 수완을 선보이기도 했다. 14-15 시즌을 앞두고 도르트문트는 카가와를 재영입했지만 그래도 상당액의 이적료 차익을 남겼으며 맨유에서 시련을 겪던 카가와는 도르트문트에서 성공적인 연착륙에 성공했다. 이처럼 선수를 보는 안목이 뛰어난 클롭 감독이기에 괴체나 레반도프스키 등 주축 선수들이 이적해도 대체 선수들이 뛰어난 활약을 보여줄 것이라 기대되는 이유이다.

클롭 감독은 이영표 뿐만 아니라 차두리와 한솥밥을 먹은 바 있다. 그리고 지금의 수비수 차두리를 성장시킨 장본인이기도 하다. 2006 월드컵 직후 아인트라흐트 프랑크푸르트에서 뛰던 차두리를 영입하기 위해 자신의 집으로 초대해 저녁식사를 하며 애정 공세를 펴던 클롭 감독은 소원대로 차두리를 마인츠로 영입했고 본래의 공격수가 아닌 측면 수비수로 뛰게 하며 성공적인 수비수 데뷔를 도왔다. 이후 차두리는 2010 남아공 월드컵 대표팀에 발탁되어 맹활약을 펼쳤고 FC서울에서 없어서는 안될 선수로 자리매김했다.

클롭 감독은 전술에서도 둘째가라면 서러운 지략가이다. 과거 킥 앤드 러시 스타일의 선 굵은 축구를 구사하던 독일 축구였지만 이제 스페인 못지않은 테크닉과 선천적인 피지컬을 앞세운 새로운 축구 스타일을 선보이고 있다. 그 중심에 클롭 감독이 있다. 마치 말벌처럼 벌떼같이 달려들어 강력한 압박으로 공을 뺏어내고 좁은 공간에서의 짧은 패스와 빠른 역습을 구사하는 클롭 스타일의 전술은 FC바르셀로나의 트레이드 마크 '티키타카'와 비교되며 현대 축구의 새로운 트렌드로 자리 잡았다. 홍명보 국가대표팀 감독이 부임 초 밝혔던 대표팀의 청사진 역시 이와 일맥상통할 정도로 많은 감독들로부터 재생산되고 있다.

'게겐 프레싱'이라 불리는 이 전술은 도르트문트가 UCL 4강전에서 레알마드리드를 격파할 때 많은 이들로부터 회자됐다. 13-14 UCL 조별예선 아스날과의 경기에서 주전 선수들의 부상으로 정상 컨디션이 아닌 도르트문트가 외질의 합류로 파죽지세를 달리던 아스날을 '게겐프레싱'으로 격파하며 많은 이들이 클롭 감독의 지도력에 찬사를 보냈다.

뿔테 안경에 트레이닝복을 입고 선수들에게 소리를 지르며 열정적으로 경기를 지휘하는 클롭 감독은 마치 '야수'를 연상시킨다. 헝크러진 머리에 덥수룩하게 기른 수염을 가진 클롭 감독은 그라운드 밖에서는 '달변가'로 정평이 나 있다. 2006 독일 월드컵과 유로 2008에서 독일의 공영방송 ZDF에서 축구 해설가로 활동한 그는 매력적인 중저음의 보이스와 시원시원한 분석으로 많은 시청자들의 지지를 받았다. 그리고 도르트문트 감독으로 활동하던 2010년, 또 다른 독일의 방송국 RTL에서 월드컵 해설을 맡기도 했다.

▲ 마이크를 잡은 클롭

또한 기자회견에서 종종 도발과 위트있는 멘트를 구사하며 '독일의 무리뉴' 라는 별명을 가지고 있다. 12-13 시즌 챔피언스리그를 앞두고 전력 분석차 독일을 방문한 무리뉴가 보는 앞에서 그로이터 퓌르트에 6-1 대승을 거둔 뒤 "무리뉴가 오늘 쓸모없는 보고서를 들고 스페인으로 돌아가게 됐다. 우리 약점을 볼 수 없었기 때문이다. 차라리 내게 전화를 하는 게 나았을 것"이라는 도발을 하며 미디어의 관심을 한 몸에 받기도 했다. 하지만 이와 같은 도발을 해도 그라운드 안팎에서 상냥하고 열정적인 모습을 보이니 아무도 클롭을 비난하지 않는다.

▲ 클롭 감독은 다른 팀 팬들의 선망의 대상이기도 하다.

이처럼 뛰어난 전략가이자 달변가이며 선수를 키우는데 안목이 있는 명장이 있기에 분데스리가에는 재미있는 스토리가 더해지고 있다. 이는 경기뿐만 아니라 또 다른 관전포인트이기도 하다.

9. 분데스리가를 누비는 한국인 선수들

 2002 한일 월드컵 이후 많은 한국인 선수들의 해외 이적이 본격적으로 시작되었다. 히딩크 감독이 PSV 아인트호벤 감독으로 부임하며 직접 데려간 박지성, 이영표를 비롯해 송종국, 이천수 등이 해외무대를 노크했다. 독일 무대 역시 예외가 아니었다. 아버지 차범근이 전성기를 보냈던 레버쿠젠으로 이적한 차두리는 이후 스코틀랜드의 셀틱으로 적을 옮기기 전까지 9년 동안 독일 무대에서 활동했다.

▲ 아인트라흐트 프랑크푸르트에서 활동했던 차두리

이후 뒤스부르크에서 잠시 뛰던 안정환과 연세대 재학 중 FSV 프랑크푸르트로 스카웃되어 분데스리가 무대를 밟은 윤주태 등이 분데스리가 코리안리거의 계보를 잇고 있다. 그리고 지금 현재, 6명의 선수가 분데스리가 팀 소속으로 뛰며 한국인의 위상을 드높이고 있다.

한국 축구의 기대주 손흥민

가장 먼저 떠오르는 선수는 '손세이셔널' 손흥민이다. FC서울 U18팀 동북고에 재학 중이던 손흥민은 대한축구협회의 우수선수 해외 유학 프로그램의 일환으로 분데스리가 함부르크 SV로 축구 유학을 떠나게 된다. 함부르크 유스팀과 2009년 나이지리아에서 열린 FIFA U-17 월드컵에서 뛰어난 기량을 선보인 손흥민은 함부르크와 정식 1군 계약을 맺고 프로무대에 입성한다. 10-11 시즌을 앞두고 손흥민은 프리시즌 경기에서 첼시를 상대로 골을 넣으며 국내 축구팬들의 주목을 받게 된다.

이후 2010년 10월30일, FC쾰른을 상대로 분데스리가 데뷔전과 함께 데뷔골을 동시에 넣으며 함부르크 구단의 최연소 득점 기록을 갈아 치우게 된다(18세 3개월 22일). 당시 골키퍼가 나오는 것을 보고 가볍게 공중으로 공을 트래핑한 후 골키퍼를 제치고 침착하게 넣은 골은 축구팬들의 극찬을 받으며 대형 스트라이커 출현 가능성을 알렸다.

어린 나이 탓에 함부르크에서 주전 확보는 힘들었지만 12-13 시즌 12골을 작렬시키며 대한민국 선수로는 4번째 유럽파 두 자릿수 득점을 달성했고(차범근, 설기현, 박주영) 빅리그로는 차범근에 이어 두 번째에 해당하는 대기록을 달성하게 된다.

성공적인 시즌을 마친 후 많은 팀들의 손흥민을 향한 구애가 시작됐다. 당시 잉글리시 프리미어리그의 리버풀이 영입에 적극적이었다는 후문이 있으나 손흥민의 선택은 독일 전통의 강호 바이엘 레버쿠젠이었다. 자신이 주전으로 뛸 수 있고 같은 독일 무대라 적응이 필요없으며 UEFA 챔피언스리그 진출권을 확보해 놓은 상태였기에 손흥민으로서는 최상의 선택이었다.

▲ 레버쿠젠의 복덩이 손흥민

한국인 최고 이적료 기록(1000만 유로)를 세우며 바이엘 레버쿠젠과 5년 계약을 맺은 손흥민은 13-14 시즌 개막전, 프라이부르크와의 홈경기에서 팀의 두 번째골을 성공시키며 성공적인 홈 데뷔전을 가졌다. 그리고 친정팀 함부르크와의 경기에서 한국인 최초로 유럽 무대에서 해트트릭에 성공하며 기량이 만개했음을 증명했다. 이는 아시아에서도 4번째에 해당하는 대기록이었기에 손흥민을 향한 찬사가 이어졌다. 베르더 브레멘과의 시즌 마지막 경기에서 헤딩으로 10호 골을 터트린 손흥민은 2

년 연속 분데스리가에서 두 자릿수 득점을 기록하는 과업을 세우게 된다.

그의 전성기는 지금부터가 시작이다. 2011년 FIFA가 선정한 세계 유망주 23인에 에당 아자르, 네이마르 등과 함께 나란히 이름을 올린 손흥민은 각종 매체에서 선정한 세계 최고의 유망주 리스트에 매번 이름을 올리며 향후 활약을 기대케 하고 있다. 그리고 2014 브라질 월드컵에서 골을 기록하는 등 뛰어난 활약을 펼치며 손흥민의 시대가 도래했음을 알렸다.

▲ 손흥민의 투혼이 빛났던 브라질 월드컵

이런 손흥민의 성공 뒤에는 아버지의 헌신이 있었다. 축구 선수 출신인 손흥민의 아버지 손웅정씨는 손흥민을 어린 시절부터 축구부에 보내지 않고 자신이 직접 축구 기본기를 가르친 것으로 유명하다. 그리고 개인 훈련은 프로팀에서 활동하는 지금까지 계속될 정도로 아버지의 아들 사랑은 각별하다. 손흥민이 다른 선수들에 비해 개인 기술이 좋은 이유는 이런 노력이 뒷받침 되었기에 가능한 이야기일지도 모른다.

손웅정씨는 현재 춘천에서 AFA(아시아 축구 아카데미)를 설립해 제2의 손흥민을 키우기 위해 유소년 축구에 매진하고 있다. 한편 손흥민의 친형 손흥윤은 자신의 아버지의 축구교실에서 코치를 맡고 있고 아마추어 풋살팀을 결성해 국내 풋살 무대를 평정하고 리버풀의 홈구장 안필드에서 열린 국제 풋살 대회에 한국 대표로 출전했을 정도로 축구에 뛰어난 재능을 보이고 있다. 축구 DNA가 흐르는 가족 사이에서 자란 손흥민인 만큼 앞으로의 미래가 기대된다.

타고난 실력과 리더십 구자철

런던 올림픽 대표팀 주장으로 올림픽에 나서 대한민국 사상 첫 축구 동메달 획득에 성공하고 이어 브라질 월드컵 주장까지 역임한 구자철은 제주 유나이티드에서 프로 생활을 시작했다. 2010년 K리그에서 제주를 K리그 챔피언 결정전까지 이끄는 등 뛰어난 활약을 펼쳤지만 FC서울에 밀려 준우승을 차지하는 아픔을 겪는다. 이후 남아공 월드컵 예비엔트리에 속하며 월드컵을 준비하는 국가대표팀의 오스트리아 최종 전지훈련까지 동행했으나 최종 엔트리에 들지 못하며 월드컵 출전이 좌절되었다.

하지만 6개월 뒤, 카타르에서 열린 아시안컵에 출전한 구자철은 5골을 터트리며 득점왕에 오르게 된다. 아시아 최고 무대에서 최고의 활약을 펼친 구자철을 향해 해외 클럽들의 러브콜이 시작되었다. 아시안컵 이후 스위스의 영 보이스와 계약을 맺었다는 설이 흘러나왔으나 구자철의 최종 선택은 독일의 VFL 볼프스부르크였다. 당시 영 보이스는 구자철이 이중계약을 맺었다는 의혹을 제기하며 FIFA가 진상조사에 나섰으나 구자철의 이적과정에서 큰 하자는 발견되지 않았다.

큰 기대를 안고 독일무대에 발을 내딛었으나 볼프스부르크는 녹록치 않았다. 자신의 주 포지션과 다른 포지션에 기용되기도 하고 중간에 감독이 교체되며 구자철은 벤치를 지키는 날이 많아졌다. 결국 구자철은 구단에 주전 확보를 위한 임대를 요청하고 11-12 시즌 중 분데스리가 강등권을 헤매던 아우크스부르크로 6개월간 임대를 떠나게 된다.

▲ 13-14 시즌 개막전 경기에 나선 구자철

구자철의 아우크스부르크 임대는 신의 한 수였다. 구자철은 아우크스부르크 데뷔전에서 골을 터트리며 팬들에게 강렬한 인상을 남겼다. 이후 구자철은 아우크스부르크에서 5골 1도움을 기록하며 팀을 1부리그에 잔류시키는데 혁혁한 공을 세웠다. 시즌 후 구자철은 아우크스부르크와 1년 연장 임대 계약을 맺게 되고 등번호 7번을 받는 등 팀의 에이스로 우뚝 서게 된다. 12-13 시즌 36경기에 나서 8골을 넣은 구자철은 원소속팀 볼프스부르크로 복귀하게 된다.

▲ 구자철은 마인츠의 전설이 될 수 있을까

아우크스부르크에서의 성공적인 경험을 바탕으로 볼프스부르크에 안착할 것으로 보였으나 구자철은 1월 겨울 이적시장에서 자신을 향해 끊임없이 구애를 보내던 FSV 마인츠로 팀을 옮기게 된다. 마인츠 구단 사상 최고 이적료인 400만 유로(약 72억원)를 구자철에게 투자한 마인츠는 큰 기대를 걸고 있다. 마인츠는 독일의 대도시 프랑크푸르트와 30분이면 오갈 수 있는 도시로 한국 간 직항노선이 개설되어 있는데다 많은 한국인들이 거주하고 있어 구자철이 즐거운 독일 생활을 보낼 수 있을 것으로 보인다. 볼프스부르크에 비해 훨씬 나은 대우와 여건이 좋은 마인츠에서 좋은 활약이 기대된다.

멀티 플레이어 박주호

 박주호는 유럽 무대 진출의 모범 답안을 제시한 사례로 꼽힌다. 숭실대학교 재학 중 일본 J리그 무대를 밟은 박주호는 미토 홀리호크, 가시마 앤틀러스, 주빌로 이와타에서 활약하며 프로 선수 경력을 쌓았다. 11-12 시즌을 앞두고 스위스의 명문 팀 FC 바젤로 이적하며 유럽 무대에 발을 들이게 된다. 바젤에서 성공적인 유럽 무대 데뷔를 한 박주호는 UEFA 챔피언스리그에도 출전해 다양한 국제 경험을 쌓게 된다. 박주호는 맨체스터 유나이티드를 비롯해 바이에른 뮌헨과 유로파리그에서 첼시, 토트넘 등을 상대하며 월드클래스 공격수들을 상대로 최고의 수비를 보여주었다. 2013년 여름, 박주호는 2년간 뛰던 스위스 무대를 떠나 독일의 마인츠로 이적하게 된다.

 마인츠에서 투헬 감독의 신임을 받으며 19경기에 출전해 득점포를 한 번 가동하기도 했다. 박주호는 본래의 포지션인 왼쪽 수비수에서 뿐만 아니라 수비형 미드필더로 종종 경기에 나서며 뛰어난 활약을 보여주는 등 멀티플레이어 능력을 과시했다. 이러한 활약을 바탕으로 박주호는 독일의 축구 잡지 '키커지'에서 선정한 주간 베스트 일레븐에 3번이나 선정되며 성공적인 독일 데뷔 무대를 가졌다.

 하지만 박주호가 독일 무대를 뛰는 모습을 더 이상 보기 어려울 수도 있었다. 2015년 여름까지 마인츠와 계약되어 있는 박주호는 이 계약이 만료되면 한국 무대로 돌아와 K리그에 잠시 몸을 담은 뒤 경찰청 소속으로 군 입대를 해야 하는 입장이었다. 독일에서 기량이 만개한 박주호에게 군 입대는 야속할 수밖에 없었다. 하지만 방법이 없는 것은 아니었다. 2014년 인천에서 열리는 아시안게임에 와일드카드(23세 이상의 선수가 3명 출전할 수 있는 제도)로 선발되어 금메달을 획득하게 된다면 군 면제를 받을 수 있었던 것. 실낱같은 희망을 가지고 군문제를 해결하기 위해 노력하고 있는 박주호는 2014 인천 아시안게임 국가대표팀에 선발되었고 인천 문학 경기장에서 펼쳐진 결승전에서 북한을 1-0으로 꺾고 금메달을 목에 걸었다. 28년 만의 아시안 게임 금메달과 동시에 군면제의 혜택을 받은 박주호는 마인츠와의 계약이 자동으로 2년간 연장되며 독일 무대를 더 누빌 수 있게 되었다. 박주호의 축구 인생은 지금부터가 시작이다.

▲ 안정감 있는 수비가 장점인 박주호

향후 한국 수비를 책임질 홍정호

홍정호는 홍명보의 뒤를 이을 한국 최고의 대형 수비수로 꼽히는 재목이다. 2010년 신인 드레프트에서 전체 1순위로 제주 유나이티드의 유니폼을 입은 홍정호는 많은 기대 속에서 시즌을 준비했지만 부상으로 인해 두 달 동안 경기에 나서지 못했고 5월에서야 제주 소속으로 데뷔전을 가질 수 있었다. 2009년 이집트에서 열린 U-20 월드컵에서 주전 수비수로 출전해 대한민국의 8강 진출을 이끈 홍정호는 국가대표팀 감독이던 조광래 감독의 눈도장을 받아 2010년 8월11일 나이지리아를 상대로 국가대표 데뷔전을 치른다.

A매치에 이어 2011 아시안컵 대표팀에도 선발된 홍정호는 올림픽 대표팀의 주장으로 선임되며 승승장구하는 듯 했다. 하지만 올림픽을 앞두고 K리그 경기를 치르는 도중 과격한 태클에 부상을 당한다. 진단은 십자인대 파열. 올림픽에 나설 꿈에 부풀어 있던 홍정호에게는 시련이었다. 1년 동안 세계 최고의 정형외과 의사들이 모인 독일에서 재활에 매진한 홍정호는 제주 시절 팀 동료인 구자철과 한 집에서 생활하며 주말마다 아우크스부르크 경기를 관람하는 등 독일 생활을 하게 된다. 이 당시의 생활은 홍정호의 미래를 바꿔놓게 된다.

성공적으로 재활을 마친 후 제주에 복귀한 홍정호는 13-14 시즌을 앞두고 자신이 재활하던 시절 경기를 지켜보던 아우크스부르크와 4년 계약을 맺고 구자철에 이어 독일 무대에 입성하게 된다. 아우크스부르크는 수비 불안 문제를 안고 있던 상황이었고 구자철의 적극 추천이 홍정호의 독일 입성에 큰 도움을 주었다. 독일 재활 당시 아우크스부르크와 많은 교감을 나눈 홍정호는 아우크스부르크의 정식 제안이 들어오자 고민하지 않고 수락했고 7경기에 나서며 성공적인 데뷔 시즌을 보냈다. 특히 홍정호는 2014년 4월5일 세계 최강 바이에른 뮌헨과의 경기에 선발 출전해 막강한 공격진을 꽁꽁 묶으며 팀의 무실점 승리에 공헌했다. 바이에른 뮌헨은 당시 53경기 리그 경기 무패 기록을 세우고 있었으나 홍정호의 몸을 던지는 수비 앞에 무기력할 수밖에 없었다. 아우크스부르크에서 등번호 20번을 받으며 제2의 홍명보의 꿈을 키우고 있는 홍정호는 대형 수비수의 탄생을 예고하고 있다.

▲ 홍정호는 차세대 스타가 될 잠재력을 충분히 갖췄다.

번뜩이는 킬러 본능 지동원

지동원은 될 성 부른 떡잎이었다. 전남 드래곤즈의 유스 광양제철고에 재학중이던 2007년 대한축구협회의 지원을 받아 잉글랜드의 레딩으로 축구 유학을 다녀오며 선진 축구를 경험했다. 고교 주말리그에서 월등한 실력을 보인 지동원은 2010년 신인 드래프트에서 전남에 우선 지명되며 프로무대에 입성하게 된다. 2년 동안 전남에서 33경기에 출전해 10골을 득점하며 어린 선수답지 않은 기록을 세우며 대형 공격수 등장에 대한 기대감을 키웠다. 2011 아시안컵에서 4골을 득점하며 자신의 이름을 알린 지동원은 2011년 6월 프리미어리그의 전통의 명문 선더랜드로 이적하게 된다. 교체로 종종 출전하던 지동원은 첼시와 맨체스터 시티를 상대로 골을 터트리며 '강팀 킬러'로서의 면모를 갖추게 된다. 특히 맨체스터 시티전의 경우 후반 추가시간 종료 직전 터진 팀의 승리를 이끈 결승골이었기에 영국 축구팬들에게 강한 인상을 남겼다.

홍명보 감독이 이끄는 런던 올림픽 대표팀에 승선해 영국을 상대로 8강에서 골을 넣는 등 좋은 활약을 펼친 후 동메달을 목에 걸게 된 지동원은 올림픽 이후 선더랜드에 복귀했지만 주전으로 나서지는 못했다. 시즌 도중 독일의 아우크스부르크로 임대되며 구자철과 한솥밥을 먹게 된 지동원은 중요한 순간마다 골을 터트리며 아우크스부르크의 임대 신화로 이름을 남기게 된다. 특히 리그 최종전 강등 여부를 결정하는 중요한 경기에서 팀의 잔류를 확정짓는 쐐기골을 터트리며 아우크스부르크의 분데스리가 잔류를 이끌었다.

2013년 여름 아우크스부르크와의 임대가 만료되고 원소속팀인 선더랜드로 복귀했지만 지동원의 자리는 없었다. 이후 지동원은 독일 무대로의 이적을 추진했고 2014년 겨울, 아우크스부르크의 부름을 받으며 분데스리가로 완전 이적하게 된다. 그러나 모두가 지동원이 아우크스부르크로 이적한 것으로 알고 있었지만 이적 발표 이후 새로운 보도가 나오게 된다. 바로 지동원은 아우크스부르크가 아닌 독일의 강호 도르트문트와 계약을 맺었다는 것이다. 계약의 내막은 지동원이 도르트문트와 완전 이적 계약을 맺은 뒤 도르트문트가 아우크스부르크에 6개월 임대를 보낸 것으로 알려졌다. 아우크스부르크의 유니폼을 입은 후 첫 경기가 공교롭게도 임대를 마치고 복귀할 팀 도르트문트전이었다. 도르트문트의 홈구장 지그날 이두나 파크에서 열린 지동원의 데뷔전에서 지동원은 교체 투입된지 2분만에 벼락같은 헤딩골을 터트리며 원 소속팀에 비수를 꽂았다. 이후 잔부상에 시달리며 경기에 자주 나서지는 못했지만 새롭게 '꿀벌 군단'의 일원이 된 지동원이 좋은 활약을 펼칠지 기대된다.

▲ 새롭게 옷을 갈아입은 지동원

독일 무대를 평정할 준비를 마친 김진수

2011 카타르 아시안컵을 끝으로 국가대표팀 부동의 풀백 이영표가 은퇴하면서 왼쪽 수비수 자리를 놓고 많은 선수들이 경합했다. 그 결과 왼쪽 수비수의 고정 후보는 이제 '김진수'가 자리 잡은 모습이다.

김진수는 경희대학교 재학 도중 일본으로 건너가 프로 생활을 시작했다. 알비렉스 니가타에 입단한 김진수는 3시즌 동안 팀의 주전으로 활약하며 성공적으로 일본 무대에 정착했다. 각 연령별 청소년 대표를 두루 거치며 엘리트 코스를 밟아온 김진수에게 기회가 찾아온다. 바로 한국에서 열렸던 2013 동아시안컵이었다.

홍명보 국가대표팀 감독의 부임 후 첫 국제대회였던 동아시안 컵에 차출된 김진수는 인상적인 활약을 펼치며 감독의 눈도장을 찍는다. 이후 국가대표팀 주전으로 활약하며 2014 브라질 월드컵 최종 엔트리에 포함되는 영광을 누린다.

하지만 부상이 김진수의 발목을 잡고 만다. 최종 엔트리에는 포함되었지만 오른쪽 발목 부상의 회복이 더뎌 결국 엔트리에서 낙마하고 만다. 비록 월드컵 출전은 좌절되었지만 호펜하임과 이적료 100만 유로에 4년 계약을 맺고 분데스리가 무대에 입성하게 된다.

부상 회복 후 김진수는 호펜하임의 프리시즌 일정을 소화하며 독일 무대에 차차 적응해 나간다. 그리고 14-15 분데스리가 개막전, 아우크스부르크와의 홈경기에 선발 출전해 풀타임을 소화하며 2-0 승리에 공헌한다. 특히 후반전에는 팀의 프리키커로 나서 프리킥을 직접 슛으로 연결하며 팀 내에서 높은 비중을 차지하고 있음을 보여줬다. 이후 펼쳐진 경기에서 부상으로 출전하지 못한 김진수는 시즌 도중 2014 인천 아시안게임 참가를 위해 아시안게임 대표팀에 합류했고 결승전에서 북한을 꺾고 금메달을 목에 걸며 시즌 중 아시안게임 차출 허가를 해준 구단을 기쁘게 했다.

▲ 분데스리가 데뷔전을 치르는 김진수

2002 한일 월드컵에서 4강 신화를 거두며 군 면제를 받고 이후 유럽무대를 밟으며 대한민국이 자랑하는 레전드가 된 '선배' 이영표처럼 아시안게임 금메달로 군 면제 혜택을 받게된 김진수는 어린 나이에 독일 무대를 밟은 만큼 앞으로의 활약이 기대된다.

겁 없는 막내 류승우

류승우는 2013년을 달군 최고의 핫 이슈였다. 터키에서 열린 FIFA U-20 월드컵에서 두 골을 넣으며 대한민국의 8강 신화를 이끈 류승우는 조별예선에서 그림과 같은 골을 연달아 성공시키며 언론의 주목을 받았다. 당시 제2의 박지성이 탄생했다는 찬사를 받기도 했다. U-20 월드컵이 끝난 후 도르트문트로부터 이적제의를 받았으나 본인이 스스로 거절해 또 다시 화제를 불러일으키기도 했다. 이후 신인 드레프트에 참가한 류승우는 제주 유나이티드에 우선 지명되어 제주에 입단하게 된다. 제주에 입단한지 3일 만에 제주 구단은 류승우를 독일의 바이엘 레버쿠젠으로 1년 동안 육성 차원에서 임대 보내기로 했다는 깜짝 발표를 하게 된다. 당시 K리그 팀에 입단하지 않고 바로 해외 이적을 할 경우 향후 5년 동안 K리그 팀에 복귀할 수 없다는 5년 룰을 절묘하게 피할 수 있게 됐다.

▲ 류승우는 자신의 진가를 서서히 드러내고 있다

제주 구단은 향후 류승우가 빅클럽으로 이적할 때 이적료를 챙길 수 있을 뿐만 아니라 류승우가 국내 무대로 리턴할 시 충분히 K리그 무대에 기용할 수 있었기에 양측 모두 윈윈할 수 있는 거래로 평가받는다.

바이엘 레버쿠젠으로 이적한 류승우는 팀 동료 손흥민의 도움을 받아 독일 무대에 수월하게 적응한다. 겨울 휴식기에 열린 연습경기 동안 연달아 득점포를 가동하며 기대를 한 몸에 모았다. 14-15 시즌을 앞두고 레버쿠젠에서 브라운슈바이크로 재임대를 떠난 류승우는 희망찬 청사진을 그리고 있다. 큰 무대에서 헤엄치며 현재보다 미래가 기대되는 류승우의 성장을 기대해 본다.

10.분데스리가를 풍미한 레전드들

프리츠 발터

프리츠 발터(1920년 10월31일 ~ 2002년 6월17일)는 독일을 대표하는 전설적인 축구선수이다. 1920년 독일의 카이저슬라우테른에서 태어난 그는 제2차 세계대전이 한창이던 1940년 독일 국가대표팀에 선발되어 데뷔전을 치른다. 루마니아를 상대로 치른 데뷔전에서 그는 해트트릭을 기록하며 강렬한 인상을 남겼고 독일은 루마니아에 9-3 대승을 거둔다. 전시상황이던 당시 여건상 발터는 축구에만 전념할 수 없었다. 그는 나치 특수부대에 징집되어 동부 전선에 투입돼 소련군에 맞서 싸운다. 이후 소련군에 포로로 잡혔지만 다행히 풀려난 그는 이후 분단의 아픔을 겪게 되고 서독 국가대표팀의 일원으로 국제대회에 나서게 된다.

주장 완장을 차게 된 그의 첫 무대는 1954 스위스 월드컵이었다. 발터는 미드필더로 출전해 뛰어난 테크닉과 안정된 경기운영을 선보였고 탁월한 리더십을 발휘하며 서독 대표팀을 이끌었다. 서독은 전쟁과 분단의 아픔을 딛고 나선 월드컵에서 승승장구하며 결승전에 안착했고 헝가리를 상대하게 된다. 결승전에서 서독과 발터는 한편의 드라마를 쓴다. 전반 헝가리에 8분 만에 2골을 허용하며 끌려갔지만 서독은 불굴의 의지를 발휘하며 다시 2골을 만회한다. 그리고 경기 종료 5분전, 발터의 패스가 헬무트 란에게 연결됐고 이를 침착하게 마무리하며 극적인 역전 드라마를 쓰게 되고 월드컵 우승을 차지한다. 전쟁의 아픔으로 시련을 겪던 독일인들에게 큰 기쁨을 주게 된 것이다. 이는 서독 경제 부흥의 상징 '라인강의 기적'의 시발점이라고 불리기도 한다.

▲ 라인강의 기적 현장

그는 서독 대표팀의 전설적인 주장이었을 뿐만 아니라 분데스리가의 FC 카이저슬라우테른의 레전드이기도 하다. 1937년 입단한 이래 1959년까지 20년이 넘는 시간동안 카이저슬라우테른에서 뛰며 원클럽맨의 상징으로 남아 있다. 팀에서 뛰는 동안 다른 팀으로부터 거액의 스카우트 제의를 받았지만 발터는 카이저슬라우테른과의 의리를 끝까지 지켰다. 이런 발터를 위해 카이저슬라우테른은 2006 월드컵을 위해 증축한 홈구장의 명칭을 '프리츠 발터 슈타디온'으로 명명하며 팀의 레전드를 추모했다.

▲ 팀의 레전드를 위한 최고의 대우

게르트 뮐러

독일 대표팀 역사상 국제 경기에서 가장 많은 골을 넣은 선수가 게르트 뮐러이다. 뮐러는 1964년 바이에른 뮌헨에 입단한 이래 26년 동안 453 경기에서 398골을 득점하는 기염을 토했다. 분데스리가 득점왕 7번, 4번의 분데스리가 우승, 유로피언 챔피언스 컵(현 UEFA 챔피언스리그) 3연패 등 바이에른 뮌헨의 황금기를 이끌었다. 독일 국가 대표팀에서는 62경기 동안 68골을 넣었고 이 중에는 FIFA 월드컵에서의 14골이 포함되어 있다.

2006 독일 월드컵 이전까지 14골은 월드컵 사상 최다 골 기록이었으나 브라질의 전설적인 공격수 호나우두가 15골을 넣으며 기록을 경신하게 되었다(월드컵 최다 골 기록은 2014년 독일의 클로제에 의해 다시 쓰여졌다. 2014 브라질 월드컵 4강전 브라질과의 경기에서 골을 추가한 클로제는 호나우두의 고국이자 해설위원으로 참가한 호나우두가 지켜보는 앞에서 새로운 기록을 작성했다). 1974 서독 월드컵에서 서독은 뮐러의 결승골에 힘입어 월드컵 우승 트로피를 거머쥐었다.

▲ 그 누구도 뮐러를 막을 자가 없었다

독일과 바이에른 뮌헨의 전설적인 공격수 뮐러는 '폭격기'라는 별명으로 불렸고 그는 최고의 축구 인생을 보내며 위대한 선수로 이름을 남겼다. 한편 바이에른 뮌헨의 공격수 토마스 뮐러가 공교롭게도 게르트 뮐러와 성과 소속팀이 같아 독일인들로부터 최고의 공격수 계보를 게르트 뮐러로부터 이을 수 있을지 주목받고 있다. 게르트 뮐러 역시 "자신의 기록은 토마스 뮐러에 의해 모두 깨질 것"이라고 말하는 등 토마스 뮐러를 추켜세우기도 했다.

▲ 전설과 전설의 만남

차범근

한국 축구의 영원한 레전드 차범근은 독일에서 엄청난 업적을 남겼다. 그가 뛰었던 프랑크푸르트의 한 지하철 역에는 차범근의 사진이 랩핑된 기둥이 있을 정도이다. 고려대학교 재학 시절부터 이름을 날리던 차범근은 1976년 10월 공군에 입대해 군

복무를 마치고 분데스리가의 '다름슈타트'에 입단했지만 복잡한 병역 문제에 발목 잡히며 단 한 경기를 뛰는데 그친다.

▲ 프랑크푸르트 시내 지하철역에 설치된 랩핑 기둥

당시 공군의 복무기간은 36개월이었지만 차범근은 자신을 필요로 하는 공군으로부터 육군과 동일한 복무기간(24개월)을 채우면 제대시켜 주겠다는 약속을 받았고 1976년 10월1일 공군에 입대했다. 고려대 재학 중 이수한 교련과목의 3개월 혜택까지 받아 차범근의 제대 날짜는 1978년 12월이었다. 그리고 1978년 12월 차범근은 공군으로부터 질병 치료 휴가를 받아 독일로 건너가고 분데스리가 다름슈타트의 입단 테스트를 받는다. 다름슈타트는 차범근의 뛰어난 실력을 높이 사 차범근과의 계약을 원했다. 하지만, 신문에서 차범근과 다름슈타트의 계약 소식이 보도되고, 이 소식이 일파만파로 전해졌다. '차범근의 예정 제대 날짜가 1979년 5월 31일인데 어떻게 군인 신분인 차범근이 서독 프로축구팀과 계약하고, 뛸 수 있는가' 하고 의문이 제기되며 한국 사회에서 논란거리가 된다. 공군은 논란이 거듭되자 차범근에게 "한국으로 돌아올 것"을 종용하게 되고 다름슈타트 소속으로 한 경기만 뛴 채 한국으로 돌아오게 된다. 차범근은 강하게 반발했지만 이의제기는 통하지 않았다. 결국 차범근은 공군에서 만기 제대했고, 이 때문에 그의 분데스리가 진출은 몇 개월 뒤로 미뤄져야만 했다. 병역을 마친 후 그는 아인트라흐트 프랑크푸르트에 스카우트된다.

▲ 차범근의 위상을 뛰어넘을 스타가 등장할 수 있을까

팀에 데뷔한지 얼마 지나지 않아 1980년 팀을 현재 UEFA 챔피언스리그에 해당하는 UEFA컵 정상에 올려놓았고 이어 이듬해 FA컵에 해당하는 DFB 포칼을 우승하는데 크게 공헌하며 프랑크푸르트의 전설로 남는다. 3년 뒤 프랑크푸르트에서 현재 손흥민이 뛰고 있는 바이엘 레버쿠젠으로 이적한 차범근은 1988년 레버쿠젠 소속으로 다시 한 번 UEFA 컵 트로피를 들어 올리며 각기 다른 두 팀에서 UEFA 컵을 차지한 9번째 선수가 되었다.

차범근은 분데스리가에서 98골을 득점하는 기록을 세우며 기존의 기록(92골)을 경신했고 아시아 선수 최다 골 기록이라는 영광을 누리게 된다. 이와 함께 리그 외국인 선수 최다 골 기록을 세우는 금자탑을 쌓았다. 또한 차범근은 308경기를 소화하며 외국인 선수임에도 불구하고 독일 무대에 수월히 적응했음을 알 수 있다. 차범근의 진가는 페어플레이 정신에서 발휘된다. 308경기를 소화했음에도 불구하고 10시즌 동안 단 한 장의 경고를 받았을 정도로 깨끗한 축구를 했음을 알 수 있다. 차범근이 독일에서 이룬 업적은 지금까지도 독일인들 사이에서 회자되고 있고 현재 레버쿠젠에서 뛰는 손흥민 역시 차범근의 인기를 실감하고 있다고 말할 정도로 차범근은 독일인들에게 강한 인상을 남겼다.

칼 루메니게

어려서부터 축구 신동 소리를 듣고 자란 루메니게는 1974년 전성기를 누리던 바이에른 뮌헨에 입단한다. 게르트 뮐러가 은퇴한 이후 바이에른 뮌헨의 새로운 에이스로 등극했고 바이에른 뮌헨에서 11년 동안 뛰며 310경기에 출전, 162골을 넣는 기염을 토했다. 1980년과 1981년, 2년 연속으로 분데스리가 득점왕에 올랐고 이를 발판삼아 전 세계 최우수 축구선수에게 주어지는 발롱도르 상 역시 2년 연속 수상하는 대기록을 세웠다. 이후 1984년 바이에른 뮌헨에서의 마지막 시즌에서 득점왕을 차지한 루메니게는 이탈리아 세리에 A의 인터밀란으로 이적하고 이후 스위스에서 현역 생활을 마감하게 된다.

▲ 월드컵 무대에 나선 루메니게

루메니게는 바이에른 뮌헨의 레전드이기도 하지만 축구팬들에게는 바이에른 뮌헨의 회장으로 더 익숙하다.

▲ 바이에른 뮌헨에 큰 영향력을 미치고 있다

10. 분데스리가를 풍미한 레전드들

그는 이적 관련 뉴스나 경기력에 대해 기자들과 인터뷰를 자주 가짐으로써 언론 노출 빈도가 높다. 현역 축구선수에서 뿐만 아니라 축구 행정가라는 제 2의 인생에서도 성공을 누리고 있다.

루디 팰러

▲ 선수, 감독, 행정가까지 두루 섭렵 중이다

칼 루메니게와 같이 루디 팰러 역시 전설적인 독일의 공격수였고 현재는 축구 행정가의 길을 걷고 있다. 팰러는 현역 생활을 하는 동안 6개의 클럽의 유니폼을 입었다. 먼저 키커스 오펜하흐에서 프로 데뷔를 한 팰러는 준수한 활약을 펼치며 1860 뮌헨으로 이적했고 이후 베르더 브레멘에서 전성기를 맞이한다. 브레멘으로 이적하던 해 처음으로 독일 국가대표팀에 뽑히며 승승장구했고 그 해 득점왕의 자리에까지 오른다. 브레멘에서 137경기 동안 97골을 넣는 뛰어난 활약을 펼친 팰러는 이탈리아의 AS 로마로 이적했고 프랑스의 마르세유를 거쳐 독일의 바이엘 레버쿠젠에서 현역생활을 마감한다. 팰러는 2002 한일 월드컵에서 독일 대표팀의 지휘봉을 잡고 독일을 결승전까지 이끌기도 했고 이후 현재는 손흥민의 소속팀으로 유명한 바이엘 레버쿠젠의 단장을 맡고 있다. 손흥민에 대한 인터뷰 코멘트가 국내에 소개되면서 현재 국내 축구팬들에게도 익숙한 존재이다.

위르겐 클린스만

현재 미국 국가대표팀의 감독을 맡고 있는 클린스만은 독일 축구의 영웅이다. 어린 시절 가족들이 슈투트가르트로 이사를 오게 되며 슈투트가르트 연고의 슈투트가르트 키커스에 입단하게 된다. 4년 동안 활약한 클린스만은 지역 라이벌 팀 VFB 슈투트가르트로 이적해 6년 동안 155경기에 출전, 79골을 터트리는 순도 높은 골 결정력을 자랑했다. 클린스만은 이후 인터밀란, 모나코, 토트넘 등 유럽 각지의 클럽에서 선수생활을 했다. 이로 인해 분데스리가의 레전드로 호칭하기에는 무리가 있으나 독일이 1990 이탈리아 월드컵과 유로 1996을 우승하는데 큰 공헌을 세웠고 이후 자국에서 열린 2006 독일 월드컵에서 독일 대표팀의 감독을 맡아 3위에 올려놓는 등 독일 국민에게 영웅과도 같은 존재이다.

▲ 미국에서도 높은 신임도를 자랑한다

베켄바우어

클린스만이 독일 축구의 영웅이라면 베켄바우어는 독일 축구의 전설이다. 뮌헨에서 태어난 그는 바이에른 뮌헨의 유소년팀에 입단해 성장하며 바이에른 뮌헨 1군에 입성하게 된다. 베켄바우어의 본 포지션은 수비수이지만 미드필더에서도 수준급 활약을 펼치게 된다. 그리고 '리베로'라는 생소한 포지션에서 경기를 뛰게 된다. 수비수 역할을 맡되 적극적인 공격 가담으로 역습 상황에서 골 기회를 만들기 위해 노력한다. 경기 흐름을 읽는 시야가 좋은 베켄바우어에게 최적의 포지션이었다. 이후 베켄바우어는 바이에른 뮌헨에서 4번의 분데스리가 우승과 3번의 UEFA 컵 우승을 차지하게 된다. 특히 UEFA 컵은 3년 연속 우승이라는 초유의 기록을 세우게 된다.

▲ 독일 축구 역사상 가장 위대한 인물로 남을지도 모른다

처음 출전한 1966 월드컵에서 아쉽게 홈 팀 잉글랜드에 밀려 준우승을 차지했지만 와신상담 후 1974년 고국에서 열린 월드컵에서 팀의 주장을 맡아 우승을 차지하는 기쁨을 누린다.

이후 미국의 뉴욕 코스모스로 진출, 현역 생활을 마감한 그는 서독 국가대표팀의 감독을 맡아 1986년 월드컵에서 준우승을 거두었고 바이에른 뮌헨 감독에 이어 독일축구협회 부회장, 2006 독일 월드컵 조직 위원장을 맡기도 했다. 현역시절 카이저(황제 라는 뜻의 독일어)라는 별명을 가지고 있던 베켄바우어답게 화려했던 현역시절 만큼 뛰어난 제 2의 인생을 살고 있다. 현재 바이에른 뮌헨의 명예회장을 맡아 축구계에 영향을 미치고 있다. 그리고 그는 '강한 자가 이기는 것이 아니라 이기는 자가 강한 것이다'라는 명언을 남기기도 했다.

마테우스

FIFA 월드컵에서 최다 대회 출장(1982, 1986, 1990, 1994, 1998) 기록 뿐만 아니라 최다 경기 출전(25경기)기록을 가지고 있는 마테우스는 넓은 시야에 패싱 능력, 그리고 골 결정력까지 갖춘 무결점 미드필더로 활약했다. 선수 생활 말년에는 베켄바우어와 같이 리베로로 좋은 활약을 펼치기도 했다. 마테우스는 뮌헨글라드바흐에서 프로 생활을 시작한 후 바이에른 뮌헨에서 전성기를 맞이했고 인터밀란을 거쳐 다시 바이에른 뮌헨으로 이적해 189 경기에 나서 28골을 기록했다. 바이에른 뮌헨 시절 7번의 분데스리가 우승을 거두었고 1990 이탈리아 월드컵 우승 이후 유럽 올해의 선수와 FIFA 올해의 선수 첫 번째 수상자로 선정되는 영광을 누렸다.

▲ 바이에른 뮌헨의 유니폼을 입고 포즈를 취하는 마테우스

11. 분데스리가의 유망주

분데스리가의 유스 시스템은 세계에서 손꼽힌다. 매년 우수한 어린 선수들이 배출되고 있으며 이는 국가대표팀의 경쟁력으로 이어져 독일이 매번 월드컵에서 좋은 성적을 거둘 수 있는 발판을 마련하고 있다. 2010 남아공 월드컵에서 독일은 23명의 출전 선수 전원이 자국 리그인 분데스리가에서 뛰고 있을 정도로 탄탄한 선수층을 자랑한다.

▲ 독일 축구의 전성기를 예고했던 U-21 대회

1990년대 말 독일 축구는 시험대에 오른다. 전차군단을 이끌던 주요 선수들이 노쇠화되며 세대교체에 나선 것이다. 성공적인 세대 교체를 위해 독일 축구협회는 적극적으로 유소년 시스템에 투자하기 시작한다. 2002년부터 독일은 분데스리가 1부, 2부 리그 모든 팀에 유소년 시스템을 갖출 것을 의무화시킨다. 이후 분데스리가 클럽들은 1조 원에 달하는 자금을 유소년 시스템을 위해 지금까지 투자했고 매년 그 결실을 거두고 있다. 현재 독일 국가대표팀을 구성하는 주축 선수들이 이 당시 유소년 시스템의 혜택을 본 황금세대이다. 이들은 이미 2009 UEFA 유로 U-21 선수권대회에서 우승을 차지하며 국제경쟁력을 드러냈다. 현재 분데스리가 클럽들은 연령별 팀을 운영하고 있고 5000명의 이상의 어린 선수들이 유소년 시스템에서 축구 선수의 꿈을 키워가고 있다.

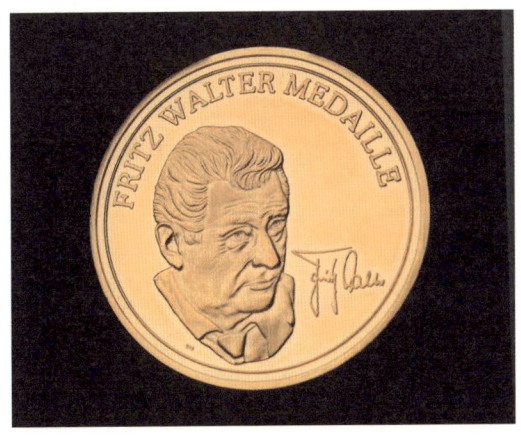

▲ 우리나라에 차범근 축구상이 있다면 독일에는 프리츠 발터메달이 있다

독일 축구협회는 2005년부터 독일 유망주들을 격려하기 위해 '프리츠 발터 상'(Fritz Walter Medal)을 신설해 유망주들에게 수여하고 있다. 독일의 전설적인 축구 선수 '프리츠 발터'의 이름을 딴 이 상은 17세부터 19세까지의 어린 선수 3명에게 금, 은, 동메달을 수여하고 있다. 금메달은 2만 유로(한화 약 3천만원), 은메달은 1만 5천 유로(한화 약 2천3백만원), 동메달은 1만 유로(한화 약 1천5백만원)의 상금까지 지급하며 선수들의 동기부여를 독려하고 있다. 프리츠 발터 상을 수상한 선수들의 목록은 다음과 같다.

프리츠 발터 상

2005

- 19세 미만 : 플로리안 뮐러(바이에른 뮌헨)/마누엘 노이어(샬케 04)/오이겐 폴란스키(보루시아 뮌헨글라드바흐)
- 18세 미만 : 마르크 안드레 크루스카(보루시아 도르트문트)/쇠렌 할파(하노버 96)/케빈 프린스 보아텡(헤르타 베를린)
- 17세 미만 : 세르지 에블루스킨(볼프스부르크)/다니엘 할파(카이저스라우터른)/세바스티안 티라라(보루시아 도르트문트)

2006

- 19세 미만 : 케빈 프린스 보아텡(헤르타 베를린)/로베르트 플레세어스(보루시아 뮌헨글라드바흐)/다니엘 아들룽(그로이터 퓌르트)

- 18세 미만 : 세르지 에블루스킨(볼프스부르크)/알렉산더 에벨라인(1860 뮌헨)/호세 알렉스 이켕(슈투트가르트)
- 17세 미만 : 라스 벤더(1860 뮌헨)/마르코 마린(보루시아 뮌헨글라드바흐)/스벤 벤더(1860 뮌헨)

2007

- 19세 미만 : 베네딕트 회베데스(샬케 04)/마누엘 콘라트(프라이부르크)/제롬 보아텡(함부르크 SV)
- 18세 미만 : 마르코 마린(보루시아 뮌헨글라드바흐)/에릭 막심 추포 모팅(함부르크 SV)/슈테판 라이나르츠(바이어 04 레버쿠젠)
- 17세 미만 : 파트릭 풍크(슈투트가르트)/콘스탄틴 라우쉬(하노버 96)/닐스 타이세이라(바이어 04 레버쿠젠)

2008

- 19세 미만 : 데니스 디크마이어(베르더 브레멘)/플로리안 융비어스(1860 뮌헨)/마르셀 리세(바이어 04 레버쿠젠)
- 18세 미만 : 토니 크로스(바이에른 뮌헨)/세바스티안 루디(슈투트가르트)/리차드 수쿠타 파수(바이어 04 레버쿠젠)
- 17세 미만 : 마누엘 굴데(1899 호펜하임)/레나르트 하트만(헤르타 베를린)/쉐르빈 라다발리 파르디(헤르타 베를린)

2009

- 19세 미만 : 루이스 홀트비(샬케 04)/콘스탄틴 라우쉬(하노버

96)/안드레 쉬얼레(마인츠 05)
- 18세 미만 : 마르코 테라치노(1899 호펜하임)/쇠렌 베르트람(함부르크 SV)/펠릭스 크로스(로스톡)
- 17세 미만 : 마리오 괴체(보루시아 도르트문트)/라인홀트 야보(FC 쾰른)/마르크 안드레 테어 슈테겐(보루시아 묀헨글라드바흐)

2010

- 19세 미만 : 페니엘 음라파(1860 뮌헨)/슈테판 벨(마인츠 05)/쉐르빈 라다발리 파르디(헤르타 베를린)
- 18세 미만 : 마리오 괴체(보루시아 도르트문트)/라인홀트 야보(FC 쾰른)/마티아스 짐머만(칼스루헤 SC)
- 17세 미만 : 티모 호른(FC 쾰른)/안드레 호프만(MSV 뒤스부르크)/코라 푸쉬(바이어 04 레버쿠젠)

2011

- 19세 미만 : 마르크 안드레 테어 슈테겐(보루시아 묀헨글라드바흐)/마티아스 짐머만(칼스루헤 SC)/케빈 볼란트(1860 뮌헨)
- 18세 미만 : 율리안 드락슬러(샬케 04)/소니 키텔(아인트라흐트 프랑크푸르트)/마르쿠스 멘들러(뉘른베르크)
- 17세 미만 : 엠레 칸(바이에른 뮌헨)/로빈 얄친(슈투트가르트)/오디세아스 블라초디모스(슈투트가르트)

2012

- 19세 미만 : 안토니오 뤼디거(슈투트가르트)/안드레 호프만(MSV 뒤스부르크)/파트릭 라코브스키(뉘른베르크)
- 18세 미만 : 마티안스 긴터(SC 프라이부르크)/토마스 플레들(1860 뮌헨)/도미닉 코어(바이어 04 레버쿠젠)
- 17세 미만 : 레온 고레츠카(VfL 보훔)/막스 마이어(샬케 04)/파스칼 이터(뉘른베르크)

2013

- 19세 미만 : 마티안스 긴터(SC 프라이부르크)/야닉 게르하르트(FC 쾰른)/도미닉 코어(바이어 04 레버쿠젠)
- 18세 미만 : 케빈 악포구마(1899 호펜하임)/조슈아 킴미히(라이프치히)/앤서니 시레(헤르타 베를린)
- 17세 미만 : 티모 베르너(VfL 슈투트 가르트)/율리안 브란트(볼프스부르크)/도니스 압디아이(샬케 04)

2014

- 19세 미만 : 니콜라스 슈타르크(뉘른베르크)/막스 마이어(샬케 04)/조슈아 킴미히(라이프치히)
- 18세 미만 : 율리안 브란트(바이어 04 레버쿠젠)/레빈 외즈투날리(바이어 04 레버쿠젠)/조나스 푀렌바흐(SC 프라이부르크)
- 17세 미만 : 베네딕트 김버(1899 호펜하임)/다미르 베틱(헤르타 베를린)/티모 쾨닉스만(하노버 96)

▲ 2014 프리츠 발터 메달 시상식 모습

　수상 명단을 보면 알 수 있듯이 독일 국가대표팀과 바이에른 뮌헨에서 없어서는 안될 존재인 마누엘 노이어와 토니 크로스, 마리오 괴체, 샬케의 주장으로 성장한 베네딕트 회베네스, 독일 국가대표팀에서 수비형 미드필더를 나란히 맡은 라스 벤더, 스벤 벤더 쌍둥이 형제까지 많은 선수들이 프리츠 발터 상을 수상한 이후 승승장구하며 성공적인 커리어를 이어가고 있다. 다음은 분데스리가에서 앞으로 주목해야 할 90년대생 선수들을 소개하고자 한다.

마리오 괴체(바이에른 뮌헨)

92년생 선수들 중 네이마르, 이스코 등과 함께 92년생 최고의 재능으로 손꼽히고 있다. 2011년 UEFA가 21세 이하 유망주에게 수여하는 유러피안 골든보이상을 수상하기도 한 괴체는 2013년 도르트문트에서 라이벌 팀 바이에른 뮌헨으로 이적하며 수많은 도르트문트 팬들의 비난을 받았다. 중앙 미드필더와 공격형 미드필더로 나서는 괴체는 바이에른 뮌헨으로 이적한 첫 시즌에서 15경기에 나서 6골을 기록했다. 어린 시절부터 남달랐던 괴체이기에 앞으로 독일무대에서의 활약이 기대된다. 그리고 괴체는 2014 브라질 월드컵에서 조국의 4번째 월드컵 우승을 확정짓는 골을 터트리기도 했다. 이는 결승전 사상 처음으로 교체되어 들어온 선수가 넣은 결승골이기도 했다.

▲ 지금까지 보여준 것보다 앞으로 보여줄 게 더 많은 괴체

율리안 드락슬러(샬케 04)

괴체의 뒤를 이을 선수는 드락슬러로 꼽히고 있다. 드락슬러는 2011년 함부르크와의 경기에서 첫 1군 데뷔전을 가졌다. 당시 분데스리가에서 4번째로 어린 선수로 기록되었고 하노버와의 경기에서는 득점에 성공하며 분데스리가에서 2번째로 어린 득점자로 기록됐다. 이후 12-13 UEFA 챔피언스리그에서 몽펠리에를 상대로 득점포를 가동하며 독일 축구 선수 중 UEFA 챔피언스리그 최연소 득점자로 등극했고(만 19세 13일), 2013년에는 샬케 역사상 최연소 100경기 출전이라는 금자탑을 쌓기도 했다. 수많은 유럽의 명문 팀들과의 이적설이 돌고 있는 드락슬러를 샬케가 지켜낼 수 있을지 주목된다.

▲ 샬케의 자랑 드락슬러

토니 크로스(바이에른 뮌헨)

 바이에른 뮌헨의 공격 중추역할을 하고 있다. 2007년 한국에서 개최된 U-17 월드컵에 독일 대표로 나서 국내 팬들에게도 친숙하다. 당시 바이에른 뮌헨 소속이던 토니 크로스가 다른 팀과의 이적 접촉을 막기 위해 바이에른 뮌헨 관계자가 한국으로 파견되어 크로스의 모든 국가대표팀 일정에 동행했었다는 비화가 있을 정도로 어린 나이부터 바이에른 뮌헨의 기대를 한 몸에 받고 자랐다.

▲ 브라질을 침몰시킨 토니 크로스

2007년 17세의 나이로 바이에른 뮌헨 1군 엔트리에 이름을 올렸고 어린 나이에 2010 남아공 월드컵 무대를 밟기도 했던 크로스는 국가대표팀에 꾸준히 선발되며 중요성을 인정받고 있다. 어린 나이에도 뛰어난 실력과 다양한 국제경기 경험을 쌓은 크로스를 영입하기 위한 다른 팀들의 물밑작업이 계속되고 있다. 그리고 결국 2014 브라질 월드컵 직후 크로스는 레알 마드리드로 이적하며 새로운 갈라티코 스타의 탄생을 예고하고 있다.

마티아스 긴터(도르트문트)

▲ 긴터는 보다 큰 무대에서 자신의 진가를 선보일 것이다

2013년 19세 이하 프리츠 발터상 금메달을 수상하기도 했던 긴터는 1994년생 독일 선수 중 최고의 유망주로 꼽힌다. 어린 나이에도 벌써 도르트문트, 맨체스터 유나이티드와의 이적설이

돌고 있고 앞으로 독일 국가대표팀의 중앙 수비를 책임질 재목으로 평가받는다. 중앙 수비수와 수비형 미드필더까지 소화가 가능하고 수비에서 뛰어난 능력을 보여줄 뿐만 아니라 공격시 빌드업 과정에서 공을 매끄럽게 다룬다는 장점이 있다.

2014 브라질 월드컵에 엔트리에는 포함되었지만 경기에는 나서지 못했던 긴터는 도르트문트로 이적해 더 큰 무대에서 자신의 진가를 선보일 준비를 마쳤다.

케빈 폴란트(호펜하임)

케빈 폴란트는 1860 뮌헨에서 처음 프로 생활을 시작했다. 입단한지 1년 만에 1군 무대로 월반했고 두 시즌 동안 57경기에 나서 20골을 넣는 위력을 발휘한다. 어린 나이에 공격 재능을 인정받은 폴란트는 호펜하임으로 이적하게 되고 분데스리가 1부 리그에 모습을 드러내게 된다. 큰 무대에 나선 폴란트는 물 만난 고기처럼 뛰어난 활약을 펼친다.

▲ 클로제의 후계자로 꼽히는 폴란트

호펜하임의 거의 모든 경기에 출전하며 꾸준히 경기 감각을 쌓았고 17골을 넣으며 호펜하임의 제 1의 공격 옵션으로 등극한다. 소속팀에서의 활약을 바탕으로 2014 브라질 월드컵 독일 국가대표팀 예비엔트리에 선발되기도 한 폴란트는 독일 대표팀과 분데스리가에 신선한 바람을 불어 넣어 줄 것으로 기대된다.

티모 베르너(슈투트가르트)

위에서 소개한 선수들 중 가장 어리지만 가장 큰 기대를 받고 있는 선수이다. 1996년 생으로 지난해 17세 이하 프리츠발터상 금메달을 수상한 베르너는 어린 나이에도 소속팀 슈투트가르트와 장기 계약을 체결하며 그 가능성을 인정받고 있다. 슈투트가르트 U-19팀에서 23경기에 나서 24골을 기록하는 괴력을 발휘하며 어린 나이에 바로 1군에 합류했고 데뷔 시즌에 27경기에 나서 4골을 넣었다. 파괴적인 골 결정력뿐만 아니라 빠른 스피드와 드리블 능력을 갖추고 있는 베르너에게 많은 슈투트가르트 팬들이 기대를 걸고 있다.

▲ 동 연령대 최고의 재능 베르너

막스 마이어(샬케), 레온 고레츠카(샬케)

13-14 시즌 동안 가장 핫한 유망주들이었다. 같은 소속팀에 속한 마이어와 고레츠카는 같은 95년생으로서 샬케의 공격 듀오를 맡고 있다. 13-14시즌 샬케는 지독하리만큼 공격진의 부상이 잦았는데 이로 인해 어린 유망주들이 많이 경기에 나설 수 있었다.

▲ 샬케는 최근 좋은 공격자원들을 연이어 배출하고 있다.

마이어와 고레츠카는 2012년 프리츠 발터상 17세 이하 부분에서 나란히 금, 은메달을 획득했고 나란히 샬케 1군에 합류하면서 공격 듀오를 결성하게 된다. 고레츠카는 독일이 자랑하는 미드필더 미하엘 발락의 재림이라는 평가를 들을 정도로 어린 나이에 가능성을 인정받고 있다. 마이어는 공격형 미드필더로 나서 간결한 볼 터치와 테크닉을 선보이며 샬케 공격의 활로를 여는 역할을 맡는다. 리그에선 19경기에 나서 5골을 기록하는 등 차근차근 공격 포인트를 쌓고 있다. 많은 유망주들을 배출하며 화수분 축구를 펼치는 샬케가 이들이 전성기를 맞이했을 때 바이에른 뮌헨과 도르트문트의 아성을 넘어설 수 있을지 주목된다.

12. 현지인 축구팬 인터뷰

　분데스리가의 현주소를 독자들에게 소개하기 위해 저자는 독일인 친구들을 섭외해 인터뷰를 가짐으로써 한국의 분데스리가 팬들에게 이야기를 들려주고자 한다. 인터뷰에 응한 현지인은 저자의 오랜 바이에른 뮌헨 팬인 친구 올리버와 하이디이다.
　이 인터뷰는 2013년 여름, 13-14 시즌 개막전을 즈음해 진행됐다.

▲ 인터뷰는 올리버의 집안에 위치한 정원에서 아침식사를 하며 진행됐다.

1. 혹시 한국선수 중 알고 있는 선수가 있는가?

    손흥민, 박지성, 차범근, 차두리 이 정도는 알고 있다. 손흥민은 바이에른 뮌헨이랑 할 때나 다른 강팀이랑 할 때 골을 넣어서 인상적이었다.

2. 최근 아시아 선수들이 분데스리가에서 많이 뛰고 있는데 이에 대한 당신의 생각은?

    선수를 사려고 하면 항상 브라질을 갔다. 그러나 몇 년 전부터는 한국 선수도 사오고 일본 선수도 사오는데 싸게 사와서 잘하니 비즈니스가 된다. 서로 윈윈인 것 같다.

3. 혹시 사오고 싶은 선수?

    글쎄 지금 현재 스쿼드로도 만족한다.

4. 지난 시즌 트레블이 환상적이었다. 작년 최고의 수훈선수를 꼽자면? 이유는?

    모든 선수들이 잘했다.

5. 바이에른 뮌헨의 분데스리가 첫 경기를 본 소감은?

    이긴 것까진 좋았는데 새 감독이 새로 왔는데 새 감독의 시스템에 아직 적응을 못한 것 같다. 시간이 더 필요하다

6. 눈에 띄는 선수는 누구인가?

    리베리가 좋았다.

7. 가장 좋아하는 선수는?

역시 리베리이다. 리베리는 벌써 바이에른 뮌헨에서만 8년을 뛰었다. 외국인 선수가 이렇게 오랫동안 뛰는 것은 흔치 않을 것이다. 게다가 전성기 또한 뮌헨에서 보내고 있지 않은가? 중요한 순간마다 좋은 활약을 펼쳐주는 선수이기에 리베리를 좋아한다.

▲ 저자의 사진 촬영 요청을 흔쾌히 승낙한 하이디와 올리버

8. 이번 이적시장에서 가장 마음에 드는 영입은?

티아고 알칸타라이다. 과르디올라 체제의 핵심 맴버라고 생각한다. 바르셀로나에서 사비가 했던 역할을 바이에른 뮌헨에서 티아고에게 맡기려고 과르디올라가 사오지 않았을까? 게다가 다른 팀으로의 이적이 유력한 상황이었는데 뮌헨이 중간에 뺏어온 것 역시 인상적이다. 아우디컵이나 DFB포칼에서 이전 감독 유프 하인케스는 항상 같은 선수로만 기용했는데 과르디올라는 항상 새로운 선수에게도 기회를 줘서 좋다.

9. 떠나서 아쉬운 선수는?

마리오 고메즈가 떠나서 아쉽다, 그러나 고메즈는 골만 넣을 줄 아는 선수라고 생각한다. 움직임의 폭이 좁다. 현대 축구에는 멀티플레이어가 필요하다. 게다가 이미 같은 포지션에 만주키치가 있다. 과르디올라의 새로운 시스템에 맞추는 과정이라고 생각한다.

10. 언제부터 뮌헨 팬을 했는가?

프랑크푸르트 오면서부터 팬이 되었다.

11. 왜?

고향을 떠나 다른 도시(프랑크푸르트)로 오니까 고향팀 팬이 되었다.

12. 원정경기도 자주 다니는지?

잘 안 다닌다. 대신 TV로 자주 본다. 홈경기의 경우 시즌권자를 대상으로 추첨으로 티켓을 배정한다. 2007년 이후로 매진이 되지 않은 적이 없어 홈경기에 직관을 할 기회가 없다.

13. 가장 기억에 남는 경기는?

아스널과의 UEFA 챔피언스리그전 때 350유로 주고 40살 생일 기념하여 경기장에 갔는데 그 날은 졌다. 져도 되는 경기라서 선수들이 대충 뛰더라. 큰돈을 주고 갔는데 속상했다. 게다가 추웠다(3도). 그리고 첼시랑 챔피언스리그 결승도 좋지 못했다. 알리안츠 아레나에서 하는 결승전이기에 기대가 컸다. 게다가 앞서가고 있는 상황에서 승부차기까지 간 끝에 지지 않았나? 끝나고 파티하려고 했는데 속상했다.

14. 분데스리가가 최근 부상하고 있다. 그 원동력을 꼽자면?

분데스리가가 뜬 이유는 몇 년 전부터인데 선수랑 팀이 좋아서 그런 것 같다. 몇 년 전까지만 해도 프리미어리그를 즐겨 봤다. 아마 선수가 좋아서 그런 것 같다.

15. 사실 뮌헨은 메시나 호날두 등 슈퍼스타를 보유하고 있지도 않고 맨시티처럼 큰 자금을 가지고 있지 않다. 뮌헨만의 강점을 꼽자면?

매니지먼트가 좋다. 축구는 전통이다. 맨체스터 시티가 막대한 거금을 들여 투자를 해도 챔피언스리그에서 좋은 성적을 거두지 못한다. 투자해도 다 빚덩이다. 결국은 아무것도 아니다. 많이 투자했으면 많이 거둬들여야 한다. 대신 분데스리가는 재정이 튼튼하다.

16. 선수영입 자금은 어디서 끌어오는가?

구단 상품들, 티켓, 스타디움을 다 자기 돈으로 지어서 빚이 없다(비유를 하자면 집세를 안낸다).

17. 엄청난 돈이 있다면 사오고 싶은 선수는 누구인가?

이미 좋은 선수들이 많아서 상관없다.

18. 분데스리가 티켓 가격은 매우 싼 편이다. 티켓 가격을 올리지 않고도 분데스리가가 성장을 지속할 수 있을까?

국민을 위한 게임인데 비싸면 티켓 감당이 안된다. 국민에 대한 예우이다. 다들 즐길 수 있도록 만든 것이다. 그리고 스카이 스포츠를 통해 구단은 중계권료로 이미 돈을 받는다. 스페인의 경우 성적에 따라 차등 분배를 하지만 이곳은 누구나 평등하게 분배받는다. 따라서 굳이 티켓 값에서 충당을 안 해도 된다.

19. 이번 시즌 경계상대를 꼽자면?

도르트문트. 이번 시즌 뮌헨은 변화가 많았지만 도르트문트는 돈도 많이 안썼고 있는 것만으로도 잘 유지가 되고 있다. 자기들만의 시스템이 있다. 위르겐 클롭 감독이 팀을 탄탄하게 잘 만들었다. 하지만 바이에른 뮌헨은 감독이 바뀌었다. 새로운 감독의 시스템이 선수들이 얼마나 적응을 잘 할 수 있을지가 관건이다. 뮌헨은 과도기에 있기 때문에 뮌헨에 대해서 잘 아는 도르트문트가 굉장히 강한 상대이다. 실제로 상대 전적에서도 도르트문트가 앞선다.

20. 챔피언스리그에서 껄끄러운 상대는?

바르셀로나는 새 감독이 와서 내려가는 중이다. 그리고 이미 이겨봐서 별로 긴장이 안된다. 샤크타르 도네츠크가 무섭다. 새로운 팀이라서. 갑자기 새로운 팀이 튀어나오면 무섭다. 특히 돈 많은 러시아 팀들이 많은 돈으로 새로운 선수들로 팀을 꾸려서 만난다면 상당히 당황스러울 것이다. 익숙하지 않은 팀들이 강한 전력으로 등장한다면 껄끄럽기 때문이다. 90분 동안 어떤 일이 일어날지 아무도 모른다.

21. 하인케스의 업적이 너무 대단해서 부담을 가지진 않을까?

부담은 되는데 작년 재작년 항상 2등을 했다. 그땐 오히려 재미있었다. 이젠 매번 이기니까 재미가 없다. 바이에른이 너무 잘해서 다른 팀들이 전략을 바꿨다. 전원 수비 식으로. 그러다 보니 게임 자체가 재미없어졌다.

22. 이를 통해 우리나라에선 자국리그가 강해야 국가대표팀도 강하다는 의견이 제기되고 있다. 동의하는가?

바이에른 선수들이 많기 때문에 독일이 잘하는 거다. (웃음) 잉글랜드는 슈퍼스타들이 모였지만 다 따로따로 있다. 그들이 한 팀으로 모이면 약하다. 바이에른과 도르트문트 선수들로만 11명을 꾸리다보니 항상 발이 잘 맞는다. 스페인도 그렇지 않은가? 나는 그렇게 생각한다.

23. 내분이 있진 않을까?

리그에선 그렇지만 젊은 선수들이기 때문에 직업적인 의무라서 싸우는 척하는 것일 뿐 국가대표와는 전혀 문제가 되지 않는다.

24. 분데스리가는 100년의 역사를 넘었지만 K리그는 올해로 30주년을 맞이한다. 선배로서 조언을 해주자면?

선전을 많이 해야 한다. 사람들에게 많이 알려야 한다.

25. 내년에 월드컵인데 독일의 성적을 예상하자면?

　　최소한 4강 이상.(그리고 1년 후 독일은 월드컵 우승을 차지했다.)

26. 국가대표팀이 더 좋나? 뮌헨이 더 좋나?

　　바이에른 뮌헨이 더 좋다

27. 왜? 많은 사람들이 그러한가?

　　많은 사람들이 그러하다. 월드컵이나 유로는 이벤트일 뿐. 축구팬 아닌 들러리들도 다 본다. 잠깐 기쁜 것일 뿐. 나는 축구팬이기 때문에 매번 하는 경기가 더 좋다. 꾸준히 지켜보는 게 좋다.

28. 최근 K리그에 심판 자질 논란이 있다. 분데스리가는 오심 논란은 없는지?

　　오심은 축구의 일부일 뿐이다. 요새 카메라가 많아서 오심이 보일 뿐이지 만약에 카메라가 없었다면 못 잡았을 것 아니냐? 그건 축구가 아니다. 심판을 존경한다. 어려운 직업이다. 실수를 하는 게 축구이다.

29. 한국에서 2008, 2009년에는 분데스리가 심판을 수입해서 중요 경기 때마다 쓰곤 했다.

　　정말? 슬픈 일이다. 계속 문제를 삼을 것 같으면 누가 심판을 하겠나?

30. K리그 관중유치를 위한 조언을 해주자면?

　방법은 없다. 사람들이 어차피 갈라진다(야구 보는 사람은 야구 보고 축구 보는 사람은 축구를 본다는 뜻). 유명한 팀들을 불러서 경기하는 것도 좋은 방법이다. 미국도 축구 보는 사람이 늘어나고 있다. 비결은 경기력이 좋아야 한다. 미국에 프리시즌에 항상 가서 경기를 하다 보니 팬이 늘어난다.

31. 독일 내에서 다른 스포츠는 인기가 없는가?

　핸드볼이 인기가 있다. 농구도 조금 그렇다.

32. 독일 축구 문화는 어떠한가?

　울트라스 팬들이 있다. 과격한 팀도 있고

33. 남녀노소 다 즐길만한가? 내가 보기엔 남성들의 전유물인 것 같더라

　팬클럽의 제약은 없고 남녀노소 모두 즐긴다. 여자들도 많다. 하이디 : 나도 남편 아니었으면 축구 안 봤다. 독일은 남자들 따라서 축구 보는 여자들이 늘어나고 있다.

34. K리그의 문제점은 응원을 하는 사람만 하고 다른 사람들은 가만히 지켜만 보는 것이다. 그러다 보니 경기 자체의 수준은 높지만 보는 사람이 지루하다는 평이다. 독일은 어떠한가?

　독일도 마찬가지이다. 골대 뒤 울트라스들은 열정적으로 응원을 펼치고 일반 관중들은 앉아서 관람한다. 대신 중요한 순간

에는 같이 박수를 치고 야유하며 경기장 분위기를 뜨겁게 달군다. 굳이 그들을 억지로 응원을 유도할 필요는 없다고 생각한다. 편하게 경기를 관람하기 위해 그런 좌석에 앉은 것 아닌가.

35. 과거로 돌아간다면 어떤 직업을 가지고 싶은가?

스타디움 안에서 소시지 맥주 파는 직업이다. 이건 경기를 안 탄다. 항상 호황이다.(웃음)

13. 분데스리가의 화려한 무대, 스타디움

2006 독일 월드컵을 계기로 독일의 축구 인프라는 환골탈태하게 된다. 월드컵을 치르기 위해 많은 경기장들이 리모델링됐고 유럽에서 제일 가는 최신식의 스타디움들을 갖추게 되었다. 최신식 경기장은 선수들이 좋은 환경에서 뛸 수 있게 할 뿐만 아니라 많은 관중들을 끌어 모으는 역할을 한다. 편리한 관람환경에서 쾌적한 여가생활을 즐길 수 있기 때문이다. 유럽 최고의 경기장 시설을 갖춘 독일의 경기장들을 살펴보자.

알리안츠 아레나

단연 독일 최고의 경기장은 알리안츠 아레나이다. 2006 독일 월드컵을 위해 지어진 경기장 알리안츠 아레나는 약 7만여 명을 수용할 수 있는 대규모 경기장이다. 독일을 대표하는 보험사 알리안츠에서 경기장 건설 비용의 일부를 부담하며 향후 30년간 경기장 명명권을 획득했다. 하지만 경기장 네이밍 스폰서를 금지하는 FIFA와 UEFA 주관대회에서는 알리안츠 아레나가 아닌 '푸스발 아레나 뮌헨(Fussball Arena München)으로 불린다.

▲ 마치 우주선이 떠 있는 듯한 느낌을 준다

2006 독일 월드컵 개막전, 독일과 코스타리카의 경기가 이 경기장에서 열렸다. 당시 독일은 막강한 공격력을 뽐내며 코스타리카를 4-2로 격파했다. 또한 2011-12 UEFA 챔피언스리그 결승전을 개최하기도 했다. 당시 홈 팀 바이에른 뮌헨은 홈구장에서 사상 처음으로 '빅 이어'를 들어 올릴 기회를 맞이했지만 승부차기까지 가는 접전 끝에 첼시에 패배하며 원정 팀의 우승 세레머니를 홈구장에서 지켜볼 수밖에 없었다.

알리안츠 아레나를 상징하는 것은 우주선을 연상시키는 경기장 외관이다. 알리안츠 아레나를 홈구장으로 사용하는 바이에른 뮌헨의 경기가 펼쳐질 때는 빨강색 조명이 들어오고 1860 뮌헨의 경기가 열리는 날에는 파랑색 조명이 켜진다. 그리고 독일 대표팀의 경기가 펼쳐질 때는 흰색 조명이 경기장 외벽을 밝힌다. 알리안츠 아레나의 외벽은 2,874개의 에틸렌 테트라플루오로에틸렌(ETFE)으로 이루어져 있다. 0.2 mm의 얇은 에어쿠션으로 구성된 경기장 외벽은 미관상으로 좋을 뿐만 아니라 신비스러운 분위기를 내뿜고 있다.

▲ 바이에른 뮌헨의 매진 행진 기록은 현재진행형이다

지그날 이두나 파크

보루시아 도르트문트가 홈 구장으로 사용하고 있는 지그날 이두나 파크는 독일에서 가장 큰 축구 경기장이다. 총 수용인원은 약 8만여 명이며 원래 이름은 '베스트팔렌 슈타디온'이었으나 2005년 경기장 명명권을 독일의 보험 회사 '지그날 이두나'에서 사들이며 지금의 이름이 되었다. '꿀벌 군단' 도르트문트의 홈 구장답게 도르트문트의 홈 경기가 열리는 날이면 관중석이 노랑색과 검정색의 옷을 입은 사람들로 가득찬 진풍경을 선보인다. 지그날 이두나 파크의 자랑은 경기장 남쪽 스탠드 'Sudtribune' 일 것이다. 2만 4천여 명을 수용할 수 있는 'Sudtribune'는 유럽에서 가장 큰 단일 구역 스탠드이다. 시즌 티켓 구입자만이 이 스탠드에 입장할 수 있으며 분데스리가 리그 경기는 스탠딩 석으로 이용된다(UEFA 주관 대회에서는 안전상의 이유로 입석을 허용하지 않는다). 도르트문트의 열성적인 지지자들이 집결하는 'Sudtribune'는 'Die Gelbe Wand'라는 애칭으로 불린다. '노란색 벽'이라는 뜻의 독일어인 'Die Gelbe Wand'로 불리는 이유는 골대 뒤 노란색 옷을 입은 도르트문트 지지자들이 모인 모습이 마치 노란색 벽처럼 단단하게 느껴진다고 해서 붙여졌다.

▲ 전세계 최고로 손꼽히는 도르트문트의 응원열기

지그날 이두나 파크는 2006 독일 월드컵에서 주요 경기를 치른 바 있다. 이 곳에서 독일은 이탈리아와 월드컵 결승 티켓을 놓고 4강전을 치렀지만 0-2로 패하며 아쉽게 3위에 머무르는데 만족해야 했다.

▲ 수용인원이 거대함에도 불구하고 티켓 구하기는 하늘의 별따기이다.

벨틴스 아레나

2001년 여름 개장한 벨틴스 아레나는 샬케04의 홈구장으로 쓰인다. UEFA 5성급 경기장에 선정된 벨틴스 아레나에서 03-04 UEFA 챔피언스리그 결승전이 열리기도 했다. 당시 무명에 불과했던 무리뉴 감독이 FC포르투를 이끌고 승승장구하며 결승전까지 올랐고 마찬가지로 돌풍을 일으키던 AS 모나코를 3-0으로 꺾고 '빅 이어'를 들어올렸다. 새로운 스타 감독의 등장을 알린 경기를 개최한 경기장으로서 벨틴스 아레나는 많은 이들에게 회자된다. 벨틴스 아레나의 가장 큰 특징은 지붕을 열고 닫을 수 있는 돔구장이라는 것이다. 이로 인해 벨틴스 아레나에서는 실내 콘서트가 종종 열리기도 한다. 경기가 없는 날이면 경기장 피치를 바깥으로 빼내 햇빛을 쬐어주며 잔디 성장을 촉진시킨다.

▲ 실용적인 경기장 활용이 돋보이는 벨틴스 아레나

바이 아레나

 손흥민이 뛰고 있어 많은 한국 축구팬들의 관심을 받고 있는 바이엘 레버쿠젠의 경기장 바이 아레나는 1958년 완공되었다. 지어진지 오랜 시간이 지났지만 리모델링을 통해 신식 시설을 갖추고 있는 바이 아레나는 3만 5천 명의 팬을 수용할 수 있다. 적은 수용인원 탓에 2006 독일 월드컵을 유치하지 못했던 바이 아레나이지만 2011년 FIFA 여자 월드컵 때는 주요 경기를 바이 아레나에서 치르며 아쉬움을 달랬다.

 바이 아레나는 한국과도 관련이 깊은 경기장이다. 과거 차범근이 이 곳을 누비며 독일 무대를 정복하기도 했고 2006 독일 월드컵 때 대한민국 대표팀이 베이스캠프로 활용했던 경기장이기도 하다. 당시 독일에서 4번째로 큰 도시 '쾰른'에 여장을 푼 대표팀은 숙소에서 20여 분 떨어진 이 곳 바이 아레나에서 훈련을 가지며 결전을 준비했다. 그리고 현재는 한국을 대표하는 공격수 손흥민이 이곳 바이아레나에서 뛰고 있다.

▲ 내실 있고 탄탄한 팀 컬러와 유사한 디자인의 경기장이다

'아스피린'의 제조사로 유명한 독일의 제약회사 '바이엘'이 운영하는 바이엘 레버쿠젠인 탓에 경기장 곳곳에서 '바이엘 사'의 흔적을 찾아 볼 수 있기도 하다. 또한 바이 아레나에는 호텔 시설이 완비되어 있어 관광객들이 축구 경기 관람과 숙박이 결합된 패키지 상품을 구입할 수 있다.

베를린 올림피아 슈타디온

수도 베를린에 위치한 '올림피아 슈타디온'은 1936년 베를린 올림픽을 위해 지어졌다. 당시 육상경기가 열리던 이곳에서 한국의 손기정 옹이 마라톤에서 금메달을 딴 역사적인 장소이기도 하다. 그리고 지난 2000년, 독일의 월드컵 개최가 확정된 후 대대적인 보수공사를 거쳐 2004년 지금의 모습으로 다시 문을 열었다.

2006 독일 월드컵의 역사적인 결승전을 성공적으로 치렀으며 14-15 UEFA 챔피언스리그 결승전 유치에 성공해 세계인들의 이목이 올림피아 슈타디온으로 쏠릴 예정이다. 올림피아 슈타디온에서는 매년 독일의 FA컵인 'DFB 포칼 컵' 결승이 열리는 등 독일 축구의 상징적인 경기장으로 자리잡았다. 축구경기 뿐만 아니라 콘서트들도 자주 열리는 다목적 경기장이다.

▲ 파란색의 육상 트랙이 인상적인 올림피아 슈타디온

14. 분데스리가 현지 경기 관람기

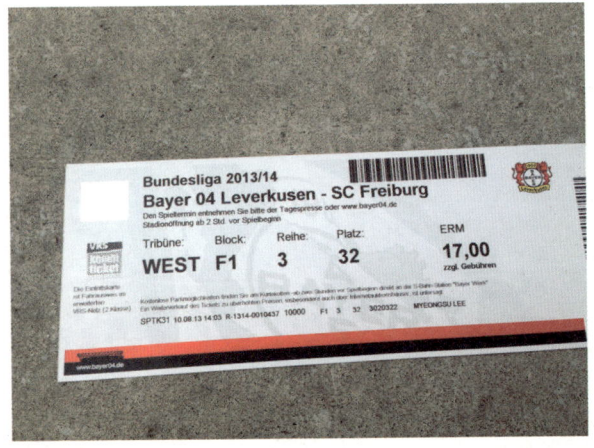

 최근 독일 축구가 전성기를 맞이하고 있다. 월드컵 4회 우승에 빛나는 독일 축구는 12-13 UEFA 챔피언스리그 결승전에 분데스리가의 양대 산맥 바이에른 뮌헨과 보루시아 도르트문트를 결승전에 진출시키며 화려한 전성기를 누리고 있다. 세계 축구의 대세로 떠오른 독일 축구의 문화를 체험하러 저자는 2013년 여름 독일을 방문했다.

레버쿠젠 vs 프라이부르크

첫 방문지는 손흥민이 뛰고 있는 레버쿠젠이었다. 20만 명의 인구가 살고 있는 독일 중서부의 소도시 레버쿠젠은 조용했다. 대부분의 사람들이 인근 지역의 대도시 뒤셀도르프나 쾰른에서 일하다 보니 고층 빌딩은 찾아볼 수 없었고 평화로운 시골 마을에 온 듯한 느낌이었다. 하지만 이 조용한 도시는 축구 경기가 열리는 날이면 왁자지껄하다. 손흥민이 뛰고 있는 바이엘 레버쿠젠의 일거수일투족은 20만 레버쿠젠 시민들의 주요 관심사 중 하나이기 때문이다.

경기 시작 3시간 전이면 이미 역과 시내 주요 장소는 레버쿠젠 유니폼을 입은 사람들로 북적댄다. 이들은 맥주로 목을 축이며 경기 때 쓸 목청을 '워밍업' 시킨다. 그리고 무리지어 돌아다니며 응원가를 부르고 마음이 맞는 사람들과 합세하여 점점 세력을 넓히다가 경기장으로 행진하는 형식이다. 필자가 방문한 날은 기나긴 여름 휴식기를 마치고 시즌이 시작되는 개막전 경기가 열리던 날이었다. 그래서인지 경기를 기다리는 팬들의 마음은 그 어느 때보다 간절한 듯 했다.

경기장에 들어가니 이미 많은 팬들이 운집해 있었다. 이어 선수들이 몸을 풀기 위해 그라운드로 나오자 팬들은 그때부터 응원가를 부르며 서포팅을 시작했다. 손흥민 역시 레버쿠젠 이적 후 첫 경기를 홈에서 치르는 만큼 레버쿠젠 팬들에 대한 인사를 잊지 않았다.

선수들이 워밍업을 마치고 라커룸으로 들어갔다. 그 순간부터 경기 직전 선수들이 그라운드에 나서는 순간까지 TV중계방

송을 보는 것처럼 경기장의 전광판을 통해 선수들의 일거수일투족이 생생하게 방영되었다. 또한 전광판에 카운터가 설치되어 선수 입장까지 얼마나 남았는지 초 단위로 보여주고 있었다. 선수 입장 전 선수 소개가 진행되었다. 독일을 비롯해 서양 국가들은 선수 소개를 할 때 장내 아나운서가 이름을 연호하면 관중들은 성을 외치는 방식이다. 예를 들어 손흥민은 아나운서가 '흥민' 관중들이 '손' 이라고 외치는 것이다. 손흥민이 처음 레버쿠젠의 바이 아레나에 이름이 호명되는 순간 많은 관중들은 휘파람을 불고 박수를 치며 손흥민 선수를 환영했다. 개인적으로 이러한 독일의 방식이 더 큰 함성을 유도하고 열광적인 분위기를 낸다고 생각한다. 부르기 훨씬 편하기 때문이다.

카운터가 0을 표시하자 이와 동시에 선수 입장이 시작되었다. 우리나라에 휴지폭탄이 있다면 독일에는 폭죽이 있었다. 생일 케이크에 붙어 오는 그러한 형태의 폭죽의 대형 사이즈라고 생각하면 될 것이다. 선수입장과 함께 오랜 휴식기를 기다리며 분데스리가 개막만 고대하던 서포터들은 폭죽을 터트리고 대형 현수막을 걸며 선수단을 환영했다.

원정팀 프라이부르크의 선축으로 경기는 시작되었다. 독일 남부에 위치한 프라이부르크와 독일 중서부의 레버쿠젠은 거리가 상당한데도 많은 원정 팬들이 방문했다. 공방을 거듭하던 경기의 포문은 손흥민이 열었다. 왼쪽 측면에서 수비수 한 명을 제치고 안쪽으로 파고들어 중거리 슛을 날렸다. 손흥민 특유의 플레이를 선보이던 순간이었다. 골키퍼가 몸을 날려 막아내긴 했지만 조금만 더 힘이 실렸어도 충분히 골로 이어질 수 있었던 순간이었다. 기세를 올린 레버쿠젠은 공격의 고삐를 늦추지 않았다. 그리고 전반 22분 지난 시즌 분데스리가 득점왕 키슬링의 머리에서 레버쿠젠의 선제골이 터졌다. 수비수와 같이 헤딩 경합을 했음에도 불구하고 큰 키를 바탕으로 헤딩에 성공했고 공은 포물선을 그리며 골키퍼 반대편 골문으로 빨려 들어갔다. 이어 시종일관 우세한 경기를 펼치던 레버쿠젠은 잠깐의 방심을 빌미로 프라이부르크의 역습 상황에서 전반 40분 한케에게 동점골을 허용했지만 우세한 경기력을 자랑하며 전반전을 마쳤다.

후반전이 킥오프 되고 자신감 있는 모습으로 경기장에 들어서는 손흥민의 모습을 보고 좋은 예감이 들었다. 그리고 이는 곧 현실이 되었다. 후반 시작 후 얼마 지나지 않아 후방의 토프락이 길게 찔러준 패스를 시드니 샘이 잡았고 드리블을 하며 수비수를 따돌린 후 노마크 찬스의 손흥민에게 연결해 손흥민이 이를 밀어 넣으며 레버쿠젠 데뷔전에서 데뷔 골을 폭발시켰다. 골을 넣은 선수를 소개하는 장내 아나운서의 목소리에는 흥분과 떨림이 가득했다. 앞서 선수소개와 마찬가지로 장내 아나운서는 '흥민'을, 관중들은 '손'을 외치며 손흥민을 응원했다.

이어 후반 7분 시드니 샘이 팀의 3번째 골을 성공시키며 경기 분위기는 레버쿠젠 쪽으로 기울었다. 그리고 향후 독일 국가대표 팀을 이끌어갈 기대주로 평가 받는 골키퍼 레노가 페널티킥마저 선방해 내며 승리를 굳혔다. 이날 경기에서 손흥민은 후반 25분 교체 아웃되었고 관중들은 그를 기립박수로 맞이했다. 최고의 데뷔전을 치른 선수에 대해 걸맞는 대우였다.

▲ 득점에 환호하는 손흥민

▲ 경기장을 가득 매운 레버쿠젠 울트라스

분데스리가는 경기 도중 틈새 광고가 많이 진행되었다. 선수 교체 상황 때 택배회사 광고가 전광판을 통해 상영되는 것이 인상적이었다. 안전하게 목적지까지 배달해 준다는 것을 강조하는 듯 했다. 선수 교체는 매 경기마다 6번씩 이루어지기에 충분히 매력적인 광고 아이템이라고 생각되었다. 또한 코너킥 때도 역시 광고가 진행되었는데 코너킥도 경기당 최소 10회 이상 행해졌기에 적지 않은 시간이었다. 15분마다 레버쿠젠의 킷 스폰서 아디다스가 제공하는 광고를 통해 시계 모양으로 시간을 알리는 광고 역시 진행되었고 동시에 타구장 소식이 송출되었다.

이날 다른 경기는 승격 팀 헤르타 베를린이 아인트라흐트 프랑크푸르트를 6-1로 격침시키는 이변이 일어났다. 1골, 2골씩 들어갈 때마다 경기장은 탄성으로 가득찼고 라이벌인 도르트문트가 약체 아우크스부르크를 상대로 골을 넣을 때는 아쉬움의 소리가 여기저기서 터져 나왔다. 이처럼 타구장 소식을 알려주는 것도 충분히 경기장에서 느낄 수 있는 매력적인 요소임과 동시에 광고 수단으로 쓰일 수 있다고 느꼈다. 이와 같은 틈새 광고는 K리그 구단들이 배워야 할 장점이 아닐까.

볼프스부르크 vs 샬케04

볼프스부르크는 독일 중부 니더작센 주에 위치한 공업도시이다. 볼프스부르크의 인구는 12만 명 정도로 중소도시에 속한다. 볼프스부르크의 첫 인상은 이곳이 '폭스바겐'의 고향이구나 하는 것이었다. 역에 내리면 바로 옆에 큰 폭스바겐 로고가 붙어있는 폭스바겐 공장 건물들을 볼 수 있다. 또한 스타디움으로 가는 길을 따라 폭스바겐이 자랑하는 거대한 자동차 전시장 '아우토 슈타트'를 볼 수 있고 저 멀리 보이는 스타디움 역시 큼지막한 폭스바겐 로고가 붙어있어 한눈에 알 수 있다.

 이처럼 폭스바겐이 전부인 도시인 것 같은 조용한 소도시가 시끌시끌해지는 날이 있다. 바로 분데스리가 VFL 볼프스부르크의 경기가 열리는 날이다. 그리고 바로 이곳에 자랑스러운 한국의 구자철이 뛰고 있다(구자철은 13-14 시즌 겨울 이적시장 때 마인츠 05로 이적했다). 볼프스부르크 역에서 나와 20여 분을 걷다보면 웅장한 자태를 자랑하는 폭스바겐 아레나를 볼 수 있다. 바로 이곳이 구자철이 활약하고 있는 VFL 볼프스부르크의 홈 경기장이다. 이날 볼프스부르크의 상대팀은 바로 인근 지역 라이벌 샬케04였다. 양 팀의 연고지 거리가 가깝다 보니 많은 샬케의 팬들이 원정 응원을 왔다.
 필자와 같은 기차를 타고 역에 내린 샬케 팬들은 역 앞에서 일행들을 기다렸다가 많은 팬들이 모이면 함께 경기장으로 행

진했다. 응원가를 부르며 경기장으로 향하는 파란 물결의 행진은 장관이었다. 샬케에는 일본 국가대표팀의 우치다 야스토가 뛰고 있고 볼프스부르크에는 일본 대표팀 주장 하세베 마코토가 뛰고 있다 보니 많은 일본인들을 경기장 주변에서 볼 수 있기도 했다. 따라서 이날 펼쳐지는 경기는 한국과 일본의 자존심을 건 미니 한일전이기도 했다.

볼프스부르크는 지난 하노버와의 분데스리가 개막 원정경기에서 2-0으로 패하며 분위기가 침체되어 있는 상태였다. 하지만 이날 경기를 앞두고 바이에른 뮌헨에서 브라질 국가대표 주전 미드필더 루이스 구스타보를 이적료 300억원에 영입하며 팬들을 기쁘게 했다. 경기 전 장내 아나운서가 라인업을 소개할 때 구스타보를 호명하자 홈팬들은 뜨거운 함성을 보내기도 했다. 개막전에서 두 명의 선수가 퇴장당하는 불운 속에서 시즌을 시작한 볼프스부르크는 라이벌 샬케를 상대로 승리가 절실한 상황이었다. 이러한 상황에서 볼프스부르크의 디터 헤킹 감독은 최상의 라인업을 내세우며 승리에 대한 의지를 드러냈다.

킥오프 후 양 팀은 일진일퇴의 공방전을 벌였다. 치열한 공방 속에 구자철은 특유의 부지런한 움직임과 탈 압박을 선보이며 미드필드 지역에서의 우세를 가져오기 위해 노력했다. 구스타보와 호흡을 맞춘 첫 경기이다 보니 약간의 실책이 나기도 했지만 경기에 큰 영향은 없었다. 팽팽했던 경기 탓에 0-0으로 전반전을 마친 양 팀의 경기는 후반전에 급속도로 볼프스부르크 쪽으로 승부의 추가 기울었다. 후반 9분 이반 페리시치가 올린 코너킥이 디에구의 머리를 스치며 공이 굴절됐고 로빈 노흐가 쇄도하며 툭 맞춘 공이 샬케의 골문을 갈랐다. 볼프스부르크 입장에선 행운의 골이었다. 홈에서 선제골을 기록하며 기세가 살아난 볼프스부르크는 샬케를 밀어붙였다. 그리고 후반 15분 비에이리냐가 페널티 박스 오른쪽에서 상대 수비를 앞에 두고 왼발로 감아 찬 공이 골문 왼쪽으로 빨려 들어갔다. 샬케의 힐데브란트 골키퍼가 몸을 날렸지만 역부족이었다. 승기를 잡은 볼프스부르크는 후반 22분 코너킥 상황에서 나우두가 머리가 아닌 오른발로 골을 터트리며 압도적인 스코어를 만들어냈다. 이어 후반 추가시간 스테판 쿠츠케가 쐐기골을 터트리며 경기는 볼프스부르크의 4-0 대승으로 마무리됐다. 구자철은 후반 추가시간 완벽한 득점 찬스를 만들어냈지만 상대 골키퍼의 선방에 가로막히며 골을 만들어내는데 실패했다. 하지만 미드필더 지역에서부터의 활발한 압박을 통해 공을 가로챘고 이것이 완벽한 득점 찬스로 연결되었기에 비록 득점에 성공하지는 못했지만 많은 팬들이 구자철에게 환호를 보냈다.

▲ 경기장 어디서든 경기에 집중할 수 있는 시야가 인상적이다

경기 후 볼프스부르크 팬들은 응원가를 부르며 승리를 자축했다. 샬케의 정식 팀 이름이 샬케04인 탓에 독일어로 0과 4를 연호하며 샬케를 조롱하는 구호를 외치는 것이 인상적이었다. 샬케 팬들은 경기장 한쪽 구석을 가득 메울 정도로 많은 팬들이 원정 응원을 왔지만 팀이 대패한 탓에 쓸쓸히 돌아갈 수밖에 없었다.

▲ 평생 잊을 수 없는 추억을 남겼다

독일의 대표 언론 빌트지는 구자철에게 팀 내 최고 평점인 2점을 부여하며 이날 경기의 주요 수훈 선수로 꼽았다. 경기 후 만난 구자철은 성공적인 개막전을 치른 덕분인지 밝은 모습이었다. 한국에서 찾아온 팬들이 경기장 출입구에서 기다리고 있자 일일이 사인과 사진 요청에 응하는 모습이 인상적이었다.

이날 경기를 관람하며 주위의 많은 독일인들로부터 축하 인사를 받았다. 특히 옆에 앉은 독일인 부부는 "구자철은 부지런한 동양인 청년이고 오늘 엄청난 활약을 펼쳤다"라며 필자에게 덕담을 건넸다. 독일에서 경기를 관람하며 서로 모르는 일면식의 사람이더라도 같은 팀을 지지한다면 골이 들어간 후 서로 하이파이브를 하며 기쁨을 나누는 것이 인상적이었다. 아무 일행 없이 혼자 경기장을 찾아온 동양인 청년에게 구자철과 같은 한국인이라는 이유로 축하 인사와 골이 들어간 후 하이파이브를 청하는 독일인들의 호의에 감사함을 느꼈다.

일반적으로 경기가 종료되면 선수들이 그라운드를 돌며 홈 팬들에게 인사를 한 후 라커룸으로 들어가지만 독일에서는 서포터즈와 선수단이 호흡하는 시간을 가지는 것이 인상적이었다. 선수단은 골문 앞에 일렬로 앉아 대기하고 주장은 서포터석에 들어가 콜 리더로부터 확성기를 전해 받고 오늘 경기를 응원해 준 것에 대한 감사 인사를 한다. 인사가 끝나면 서포터들은 응원가를 부르고 선수들은 자리를 박차고 일어나 환호하며 기쁨을 함께 나눈다. 구자철 역시 물을 뿌리며 승리의 기쁨을 표현했다. K리그에도 이와 같은 응원 방식이 도입되면 어떨지 하는 생각이 들었다.

볼프스부르크는 작은 도시인 탓에 축구 경기와 자동차 박물관 '아우토 슈타트' 이외에는 별 다른 볼거리가 없는 도시이다.

구자철 역시 볼프스부르크는 딱히 할 일 없는 심심한 도시라고 평하기도 했다. 볼프스부르크와의 궁합이 안 맞았던 탓인지 구자철은 겨울 이적 시장에서 자신에게 2년간의 구애를 보낸 마인츠로 이적한다. 팀 내 최고 이적료 기록을 경신하며 마인츠에 입성한 구자철이 마인츠에서 어떤 활약을 펼칠지 기대된다.

▲ 분데스리가 경기에서 가장 기억에 남는 것을 꼽으라면
　단연 응원을 꼽을 것이다

15. 현지 스타디움 투어

알리안츠 아레나 투어

알리안츠 아레나는 뮌헨 북부에 위치해 있다. 뮌헨 중앙역으로부터 약 30분 정도 소요되며 지하철(U-Bahn)로 편한 이동이 가능하다. 저자가 방문했을 당시에는 알리안츠 아레나 역이 공사 중인 관계로 이전 역에서 내린 후 셔틀버스를 이동해야 했다

▲ 현재는 완공되어 편리한 이용이 가능하다.

알리안츠 아레나 역에 내려 밖을 바라보니 허허벌판에 우주선 형태를 한 알리안츠 아레나가 자리를 잡고 있었다. 워낙 건물이 커 역에서 경기장까지 가까워 보였으나 실제로 약 7~8분 정도 걸어야 경기장 출입구까지 이동할 수 있었다.

 알리안츠 아레나는 단순한 축구 경기장을 넘어 뮌헨을 대표하는 관광 상품으로 자리 잡았다. 많은 사람이 알리안츠 아레나를 방문해 경기뿐만 아니라 경기장 곳곳을 둘러보며 알리안츠 아레나에서 즐거운 시간을 보낼 수 있다. 필자가 방문한 날 역시 수많은 사람들이 경기장을 찾아 북적거렸다. 특히 30분 간격으로 경기장 투어가 개설되어 있는데 이미 다 마감이 되어 1시간 정도 기다려야 했다.

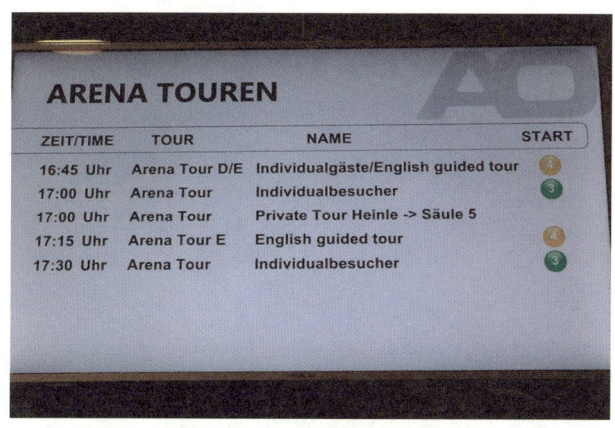

▲ 투어는 독일어 또는 영어로 진행되며 접선장소 역시 전광판을 통해 확인할 수 있다

가이드 접선 장소에서 기다리고 있으면 가이드가 큰 목소리로 사람들을 불러 모으고 티켓을 확인해 경기장 안으로 들여보내며 투어는 시작된다. 골대 뒤에 위치한 좌석에서 투어의 첫 번째 단계는 시작된다. 바로 맞은편에는 바이에른 뮌헨 울트라스들이 집결하는 스탠딩 좌석이 펼쳐져 있고 고개를 들어 2층을 보면 원정 팀 응원석을 볼 수 있다. 경기장에 대해 전체적으로 가이드는 설명했다. 유머를 섞어가며 설명하는게 인상적이었는데 특히 관광객들을 향해 축구장에 왔으니 실제 바이에른 뮌헨이 골을 넣었다고 생각하고 'Tor(토어 - 골 이라는 뜻의 독일어)'를 외쳐보자고 하며 관중들의 호응을 유도했다.

▲ 해박한 지식을 자랑하던 가이드

관중석에서 경기장을 둘러 본 후 경기장 내부로 향했다. 바이에른 뮌헨 선수들의 대형 포스터로 장식된 터널을 지나 도착한 곳은 기자회견실이었다. 평소 FC서울 경기 취재를 위해 서울월드컵 경기장의 기자회견실을 자주 찾는데 이곳과의 차이점은 서울은 기자가 질문을 하려면 일일이 홍보팀 직원이 무선마이크를 전달해야 하지만 알리안츠 아레나는 개인 책상 앞에 마이크가 설치되어 있어 질문할 때 바로 마이크 전원을 켜고 하면 되었다. 또한 인터뷰이(interviewee) 뒤에 설치되는 후원사 백드롭의 경우 서울월드컵 경기장을 비롯한 국내 모든 경기장은 천으로 된 현수막을 뒤에 설치하는 형식이지만 알리안츠 아레나는 LED 보드로 구성되어 있어 시간에 맞추어 특정 기업 로고가 표시되어 보다 신비로운 분위기를 자아냈다. 이곳에서 바이에른 뮌헨의 감독 펩 과르디올라가 경기 전후 인터뷰를 한다는 사실이 신기했고 많은 관광객들이 인터뷰석에 앉아 감독과 선수의 기분을 느낄 수 있었다.

 기자회견 실에서 멀지 않은 곳에 선수단 라커룸이 위치했다. 선수들이 미디어 접촉을 보다 원활히 할 수 있도록 배려한 모습이었다. 라커룸에는 개인 라커가 비치되었고 라커 위에는 사용 선수의 사진이 걸려 있어 어떤 선수가 어떤 라커를 쓸 수 있는지 알 수 있었다. 또한 라커룸 안에는 마사지를 받을 수 있는 침대와 설비, 스파 시설, 간단하게 몸을 풀 수 있는 실내 워밍업실까지 구비되어 있어 최상의 몸 상태로 경기에 나설 수 있도록 했다.

▲ 팀 컬러를 최대한 살린 라커룸의 구조

라커룸을 나서면 곧바로 결전의 장으로 투입될 수 있는 경기장 입장 복도가 펼쳐졌다.

알리안츠 아레나에서 뛸 수 있는 선택받은 선수들은 이곳에서는 순간 긴장과 설렘에 마주할 것이다. 관광객들 역시 마찬가지였다. 가이드는 관광객들에게 두 줄로 서라고 한 후 UEFA 챔피언스리그 오프닝 음악을 틀어 주며 앞으로 걸어가라고 해 경기에 나서는 선수단의 기분을 느껴보라고 배려했다. 아쉽게도 경기장 잔디를 밟을 수 없었지만 충분히 선수단과의 감정을 공유할 수 있었던 시간이었다.

▲ 믹스트존에 위치한 TV에서 실제로 촬영했었던 인터뷰들이 방영되고 있었다

경기장 통로를 지나 경기 후 모든 선수들이 의무적으로 지나치며 미디어를 응대해야 하는 믹스트존을 마주했다. 거대한 규모를 자랑하는 알리안츠 아레나답게 믹스트존 역시 컸다. 홈과 원정 선수들을 구분해 인터뷰할 수 있도록 배려한 모습이었다.

또한 인터뷰하는 선수 뒤로 후원사의 로고가 노출될 수 있게 함으로써 스폰서에 대한 의리를 지키는 모습이었다.

투어의 마지막은 메가스토어 방문이었다. 바이에른 뮌헨의 메가스토어는 정말 없는 것이 없다, 라는 표현이 어울릴 정도로 거대했다. 바이에른 뮌헨의 유니폼과 훈련복을 비롯하여 각종 기념 티셔츠, 머플러들이 구매를 기다리고 있었고 가장 인기 있는 유니폼의 경우 등에 좋아하는 선수의 이름을 새길 수 있는 마킹 프레스 기계만 10개가 넘게 준비되어 있어 고객들이 몰리더라도 거뜬히 물량을 소화해낼 수 있는 듯한 모습이었다.

▲ 이곳에서 많은 팬들이 지갑을 열 준비를 하고 있었다

가장 눈에 띄는 것은 각종 생활용품들이었다. 바이에른 뮌헨의 로고가 찍힌 개 밥그릇을 비롯해 식빵을 구우면 바이에른 뮌

헨의 로고가 찍히는 토스트 기계, 침구류, 인형 등 실생활에서 사용할 수 있는 모든 잡화들에 바이에른 뮌헨의 로고를 새겨 판매하고 있었다. 이런 마케팅 능력은 앞으로 K리그 구단들에게도 필요할 것으로 생각되었다.

▲ 매일 아침마다 팀에 대한 충성도를 확인하는 토스터기

바이 아레나 투어

레버쿠젠 역(Leverkusen Mitte)에서 15분 정도 걷다 보면 손흥민이 활약하고 있는 바이 아레나가 나타난다. 기차에서 내려 출구 쪽으로 걷다 보면 바이 아레나로 가는 표지판이 나타난다. 이 표지판만 잘 보고 가면 바이 아레나를 찾는 것은 그리 어려운 일이 아니다.

15. 현지 스타디움 투어 **159**

거의 모든 독일 구단들은 훈련을 대중들에게 공개하고 있다. 간혹 비밀 전술 훈련이나 중요한 경기를 앞두고는 비공개 훈련을 실시하기도 하지만 대부분의 훈련들은 공개하는 것이 원칙이다(예외적으로 많은 인파가 몰려드는 바이에른 뮌헨의 경우 거의 모든 훈련이 비공개이다). 훈련 일정과 공개, 비공개의 여부는 구단 홈페이지를 들어가면 나와 있으니 참고하여 방문하는 것이 좋다.

저자 역시 레버쿠젠의 훈련 일정에 맞춰 바이 아레나를 방문했다. 바이 아레나 주변에는 운동장이 3면 있는데 팬들이 많이 서성이는 곳이 훈련 장소일 확률이 높다. 기다림 끝에 훈련 시간이 되자 선수들이 나타났고 사람들은 선수들을 보기 위해 몰려들었다. 보통 훈련 시작 전에는 사인을 잘 해주지 않고 훈련이 끝난 후 팬들에게 사인과 사진을 찍어주는 팬서비스를 하는 경우가 많다.

▲ 레버쿠젠의 톱스타 슈테판 키슬링

훈련은 약 2시간가량 진행됐다. 실전을 방불케 하는 미니게임으로 훈련의 강도를 높여갔다. 훈련이 끝난 후 거의 모든 선수들이 남아 팬서비스를 시행했다. 손흥민 선수의 경우 많은 팬들이 몰려 가장 마지막으로 훈련장을 빠져 나왔을 정도로 레버쿠젠에서 높은 인기를 자랑했다.

훈련이 끝난 후 필자가 향한 곳은 바이 아레나 투어였다. 바이 아레나 투어의 경우 W석 부근에 위치한 구단 공식 스토어에서 예약이 가능하다. 투어 시작 시간이 다 되자 스토어 앞은 투어를 예약한 사람들이 하나둘씩 나타났다. 이윽고 레버쿠젠 구단 유니폼을 착용한 직원이 나와 인솔하며 경기장 투어는 시작된다.

알리안츠 아레나 투어와의 가장 큰 차이점은 경기장 잔디까지 밟도록 해준다는 것이다. 선수들이 실제로 뛰는 운동장의 잔디를 밟아보니 감격스러웠다. 불과 며칠 전 바로 이 장소에서

손흥민 선수가 골을 터트렸다는 생각에 흥분되기도 했다. 잔디를 밟은 후 운동장을 한 바퀴 돌며 각 관중석별 특징에 대한 설명을 들었다. 관중석들 중 가장 눈에 띈 것은 원정석이었다. 코너플래그 쪽 구석에 조그마하게 자리잡은 원정석은 철제 문과 뾰족한 방호벽으로 둘러쌓여 있어 홈 팀 팬들과의 충돌을 방지하고 있었다. 또한 군데군데 자리잡은 CCTV가 원정석을 감시하는 모습이 인상적이었다.

▲ 바로 이곳에서 수많은 선수들의 희비가 엇갈렸을 것이다

이어 선수단 벤치로 향했다. 한국의 경기장에 보편적으로 자리 잡은 일자형태의 벤치에 비해 자동차 시트와 같은 재질로 이루어지고 개인이 각각 쓸 수 있는 벤치는 훨씬 편리하고 느낌이 좋았다. 특히 의자에 열선이 내장되어 있어 스위치를 켜면 의자

가 따뜻해지는 것이 인상적이었다. 이어 기자회견실과 선수단이 경기가 끝나고 무조건 지나쳐야 하는 공동취재구역(믹스트 존) 방문을 끝으로 투어는 마무리됐다.

▲ 원정팬들을 관리하기 위한 삼엄한 시설물들

투어는 독일어로만 진행되기에 가이드의 설명을 듣고 이해하는 것은 거의 모든 한국인 여행객들에게 불가능에 가깝다. 하지만 실제 분데스리가 팀들이 이용하는 경기장 내부 구석구석을 살펴보는 것만으로 충분히 투어의 의의가 있다는 생각이 들었다. 독일에서 일정이 맞지 않아 경기를 볼 수 없게 된다면 경기장 투어를 통해 분데스리가를 경험하는 것도 좋은 방법 중 하나이다.

▲ 이 곳에서 많은 미디어들을 통한 컨텐츠들이 생산된다

▲ 선수단이 실제 착석하는 벤치는 상당히 편안했다

16. 분데스리가와 맥주

'독일' 하면 생각나는 단어가 있다. 바로 '맥주' 이다. 맥주 = 독일 이라는 공식이 성립할 정도로 독일 맥주는 전 세계적으로 인정받고 있다.

축구와 맥주는 떼려야 뗄 수 없는 밀접한 관계를 맺고 있다. 뜨겁게 달아오르는 경기장 분위기에 기분을 맞출 수 있는 음료는 맥주밖에 없기 때문이다. 2010 남아공 월드컵 때 대한민국 국가대표팀이 선전하자 6월 한 달 동안 맥주 판매량이 평소보다 두 배 이상 증가하기도 했다.

이러한 이유로 월드컵을 주최하는 FIFA 뿐만 아니라 대부분의 축구 구단들은 맥주 회사를 스폰서로 맞이해 공동 마케팅 작업을 벌이고 있다. 특히 맥주의 본고장인 독일의 경우 이러한 특색이 두드러진다. 독일 전역에 분포해 있는 18개의 분데스리가 팀들은 모두 맥주 후원사를 보유하고 있고 있다. 그리고 이들은 외국 브랜드가 아닌 자국 기업을 후원사로 선정해 경기장에서 다양한 독일 고유의 맥주를 즐길 수 있도록 마련해 놓았다.

먼저 지난 UEFA 챔피언스리그와 분데스리가, DFB 포칼을 석권하며 역사적인 트레블을 달성한 바이에른 뮌헨의 경우 뮌헨을 연고로 하는 '파울라너' 사를 스폰서로 두고 있다. 뮌헨에서 매년 9월 셋째 주 토요일부터 10월 첫째 주 일요일까지 2주간 열리는 세계 최대 규모의 맥주 페스티벌, '옥토버 페스트' 때마다 큼직한 파울라너 로고가 박힌 맥주잔을 들고 맥주를 권하는 바이에른 뮌헨 선수들을 만나볼 수 있다.

▲ 옥토버 페스트에 참가한 필립 람과 토마스 뮐러 부부

평소 경기장 밖에서 미디어 노출을 꺼리는 새로운 바이에른 뮌헨의 감독 펩 과르디올라이지만 옥토버 페스트 기간 때만큼은 독일 전통 의상을 입고 바이에른 뮌헨의 주요 선수인 로벤, 리베리와 함께 파울라너 맥주잔을 부딪치는 모습을 보여주기도 했다. 또한 우승 세레머니 시 파울라너 맥주를 서로에게 뿌리며 기쁨을 만끽하는 모습은 바이에른 뮌헨만의 전통이다.

그리고 바이에른 뮌헨의 라이벌 보루시아 도르트문트는 1844년 도르트문트에서 설립된 '브린크홉스' 사의 후원을 받고 있다.

도르트문트의 향토 맥주 회사인 '브린크홉스' 사는 독일 전 국민에게 사랑받는 대중적인 브랜드는 아니지만 도르트문트 내에서는 최고의 맥주회사로 손꼽힌다. 이들은 매년 맥주병 곁면에 도르트문트 선수들을 붙여 넣은 스페셜 에디션을 출시하며 도르트문트 팬들의 지지를 받고 있다.

▲ 보기만 해도 아찔한 우승 세레머니

다음으로 독일에서 가장 대중적인 맥주 '비트버거'이다. 깔끔하고 무난한 맛으로 독일 국내 2위 판매량을 자랑하는 '비트버거'는 독일 국가대표팀을 후원하며 독일 대표 맥주로 발돋움하려 노력하고 있다.

▲ 맥주를 마실 때도 자신의 지지 팀을 생각하는 독일인들이다

그리고 손흥민이 활약하며 국내에 잘 알려진 바이엘 레버쿠젠, 박주호가 새로 팀에 합류한 마인츠, 전통의 강호 보루시아 뮌헨 글라드바흐, 분데스리가의 '생존왕' 호펜하임을 후원하고 있다. '비트버거' 역시 본사와 가까운 독일 서부에 위치한 분데스리가 팀들과 협력관계를 맺고 있다.

▲ 월드컵 기간 동안 실시된 특별 광고

그리고 1802년 설립되어 200년이 넘는 역사를 가진 독일 3위 맥주 브랜드 '크롬바커'는 최근 국내에 정식 수입되어 국내 맥주 마니아들에게도 유명한 맥주 브랜드로 발돋움했다. 필스너 맥주의 대표주자인 '크롬바커'는 분데스리가 사무국과 공식 파트너를 맺고 독일 전역에 마케팅을 실시하고 있다. 그리고 차범근으로 대표되는 도시, 프랑크푸르트를 연고로 하고 있는 아인트라흐트 프랑크푸르트와 매년 뛰어난 유망주들을 배출하는 VFB 슈투트가르트의 후원을 맡고 있다.

▲ 분데스리가의 공식 파트너인 크롬바커

마지막으로 샬케04 홈경기장인 겔젠키르헨 아레나의 네이밍 스폰서를 가지고 있는 것으로 유명한 벨틴스가 있다. 무리뉴 감독의 탄생을 알린 2003-2004 UEFA 챔피언스리그 결승과 2006 월드컵을 성공적으로 개최한 겔젠키르헨 아레나의 명명권을 구입한 '벨틴스'는 샬케04가 꾸준히 분데스리가 상위권에 오르고 UEFA 챔피언스리그에 단골 손님으로 등장하며 광고효과를 톡톡히 보고 있다. 그리고 이들은 구자철이 분데스리가 무대에서 처음 몸담았던 팀 VFL 볼프스부르크 역시 후원하며 분데스리가 상위권 팀들을 스폰서로 두고 있다.

 독일에는 수 많은 펍들이 있다. 이들 펍을 보면 SKY라는 마크를 달고 있는 모습을 볼 수 있다. 바로 분데스리가를 비롯해 잉글리시 프리미어리그, UEFA 챔피언스리그 등을 독점 중계하는 스카이 스포츠의 로고이다. 이 마크를 달고 있는 펍에서는 스카이 스포츠가 중계하는 모든 경기를 TV를 통해 고객들에게 제공된다. 가정에서 스카이 스포츠 채널을 보려면 매달 30 유로 가량의 돈을 지불해야 하는데 이것이 부담되는 독일인들은 경기가 있는 날이면 펍을 찾아 맥주를 마시며 경기를 지켜본다. 이처럼 독일의 펍 문화는 분데스리가를 즐길 수 있는 독일만의 문화 중 하나이다.

▲ 분데스리가를 비롯 주요 유럽 리그를 독점중계하는 스카이 스포츠

▲ 이 로고가 붙어있는 음식점이라면 마음껏 축구를 즐길 수 있다.

부록.

1부리그

바이에른 뮌헨

- 창립 연도 : 1900년 2월 27일
- 연고지 : 바이에른 주 뮌헨
- 홈구장(수용인원) : 알리안츠 아레나(71,137 석)
- 메인 스폰서 : 아디다스, Telekom (통신)
- 감독 : 펩 과르디올라
- 주장 : 필립 람(독일)
- 역대 최고 성적 : 1위
- 분데스리가 우승횟수(분데스리가 출범 이전 기록 포함) : 24회
  1931‑32, 1968‑69, 1971‑72, 1972‑73, 1973‑74, 1979‑80, 1980‑81, 1984‑85, 1985‑86, 1986‑87, 1988‑89, 1989‑90, 1993‑94, 1996‑97, 1998‑99, 1999‑2000, 2000‑01, 2002‑03, 2004‑05, 2005‑06, 2007‑08, 2009‑10, 2012‑13, 2013‑14

- 주요선수 : 마누엘 노이어(GK), 필립 람(DF), 바스티안 슈바인슈타이거(MF), 프랑크 리베리(MF), 토마스 뮐러(FW)

보루시아 도르트문트

- 창립 연도 : 1909년 12월 19일
- 연고지 : 노르트라인베스트팔렌 주 도르트문트
- 홈구장(수용인원) : 지그날 이두나 파크(80,645 석)
- 메인 스폰서 : 푸마 , evonik (화학, 에너지)
- 감독 : 위르겐 클롭
- 주장 : 마츠 훔멜스(독일)
- 역대 최고 성적 : 1위
- 분데스리가 우승횟수 : 8회
  1955-56, 1956-57, 1962-63, 1994-95, 1995-96, 2001-02, 2010-11, 2011-12
- 주요선수 : 로만 바이덴펠러(GK), 마츠 훔멜스(DF), 마르코 로이스(MF), 피에르 오바메양(FW)

FC 샬케 04

- 창립 연도 : 1904년 5월 4일
- 연고지 : 노르트라인베스트팔렌 주 겔젠키르헨
- 홈구장(수용인원) : 펠틴스아레나(62,000 석)
- 메인 스폰서 : 아디다스, Gazprom (에너지)
- 감독 : 옌스 켈러
- 주장 : 베네딕트 회베데스(독일)
- 역대 최고 성적 : 1위
- 분데스리가 우승횟수 : 7회
  1933-34, 1934-35, 1936-37, 1938-39, 1939-40, 1941-42, 1957-58
- 주요선수 : 베네딕트 회베데스(DF), 케빈 프린스 보아텡(MF), 율리안 드락슬러(MF), 클라스 얀 훈텔라르(FW)

바이엘 레버쿠젠

- 창립 연도 : 1904년 7월 1일
- 연고지 : 노르트라인베스트팔렌 주 레버쿠젠
- 홈구장(수용인원) : 바이아레나(30,210 석)
- 메인 스폰서 : 아디다스, LG전자 (전자제품)
- 감독 : 로저 슈미트
- 주장 : 지몬 롤페스(독일)
- 역대 최고 성적 : 2위
- 분데스리가 우승횟수 : 0회
- 주요선수 : 베른트 레노(GK), 라스 벤더(MF), 슈테판 키슬링(FW), 손흥민(FW)

VfL **볼프스부르크**

- 창립 연도 : 1945년 9월 12일
- 연고지 : 니더작센 주 볼프스부르크
- 홈구장(수용인원) : 폭스바겐 아레나(30,000 석)
- 메인 스폰서 : 카파, 폭스바겐 (자동차)
- 감독 : 디터 헤킹
- 주장 : 디에고 베날리오(스위스)
- 역대 최고 성적 : 1위
- 분데스리가 우승횟수 : 1회
  2008-09
- 주요선수 : 디에고 베날리오(GK), 루이스 구스타부(MF), 케빈 데브뤼너(MF)

보루시아 묀헨글라드바흐

- 창립 연도 : 1900년 8월 1일
- 연고지 : 노르트라인베스트팔렌 주 묀헨글라드바흐
- 홈구장(수용인원) : 보루시아 파크(54,010 석)
- 메인 스폰서 : 카파, Postbank (은행)
- 감독 : 루시앙 파브레
- 주장 : 필립 다엠스(벨기에)
- 역대 최고 성적 : 1위
- 분데스리가 우승횟수 : 5회
  1969 - 70, 1970 - 71, 1974 - 75, 1975 - 76, 1976 - 77
- 주요선수 : 필립 다엠스(DF), 후안 아랑고(FW), 안드레 한(FW)

FSV 마인츠 05

- 창립 연도 : 1905년 3월 16일
- 연고지 : 라인란트팔츠 주 마인츠
- 홈구장(수용인원) : 코파스 아레나(34,000 석)
- 메인 스폰서 : 나이키, entega (전력)
- 감독 : 카스페르 휼만드
- 주장 : 니콜체 노베스키(마케도니아)
- 역대 최고 성적 : 5위
- 분데스리가 우승횟수 : 0회
- 주요선수 : 박주호(DF), 구자철(MF), 오카자키 신지(FW)

FC 아우크스부르크

- 창립 연도 : 1907년 8월 9일
- 연고지 : 바이에른 주 아우크스부르크
- 홈구장(수용인원) : SGL 아레나(30,660 석)
- 메인 스폰서 : JAKO , AL-KO(캠핑카 제조)
- 감독 : 마르쿠스 바인지를
- 주장 : 파울 페어해흐(네덜란드)
- 역대 최고 성적 : 8위
- 분데스리가 우승횟수 : 0회
- 주요선수 : 홍정호(DF), 하릴 알틴톱(MF), 사샤 묄더스(FW)

TSG 1899 **호펜하임**

- 창립 연도 : 1899년 7월 1일
- 연고지 : 바덴뷔르템베르크 주 호펜하임
- 홈구장(수용인원) : 라인 넥카 아레나(30,150 석)
- 메인 스폰서 : 로또 , SAP (it 전문기업)
- 감독 : 마르쿠스 기스돌
- 주장 : 세야드 살리호비치(보스니아 헤르체고비나)
- 역대 최고 성적 : 7위
- 분데스리가 우승횟수 : 0회
- 주요선수 : 김진수(DF), 세야드 살리호비치(MF), 에렌 데르디요크(FW)

하노버 96

- 창립 연도 : 1896년 4월 12일
- 연고지 : 니더작센 주 하노버
- 홈구장(수용인원) : AWD 아레나(49,000 석)
- 메인 스폰서 : JAKO, Tui(항공, 여행사)
- 감독 : 타이푼 코르쿠트
- 주장 : 스티븐 체룬돌로(미국)
- 역대 최고 성적 : 1위
- 분데스리가 우승횟수 : 2회
  1937-38, 1953-54
- 주요선수 : 로베르트 칠러(GK), 크리스티안 슐츠(DF), 디디에야 코난(FW)

헤르타 BSC 베를린

- 창립 연도 : 1892년 7월 25일
- 연고지 : 베를린
- 홈구장(수용인원) : 올림피아 슈타디온 (74,244 석)
- 메인 스폰서 : 나이키, DB(독일 철도청)
- 감독 : 요스 루후카이
- 주장 : 페터 니마이어(독일)
- 역대 최고 성적 : 4위
- 분데스리가 우승횟수 : 0회
- 주요선수 : 욘 헤이팅아(DF), 호소가이 하지메(DF), 옌스 헤겔러(MF)

SV 베르더 브레멘

- 창립 연도 : 1899년 2월 4일
- 연고지 : 브레멘 주 브레멘
- 홈구장(수용인원) : 베저 슈타디온 (42,100 석)
- 메인 스폰서 : 나이키 , Wiesenhof (육가공품 제조)
- 감독 : 로빈 두트
- 주장 : 클레멘스 프리츠(독일)
- 역대 최고 성적 : 1위
- 분데스리가 우승횟수 : 4회
  1964-65, 1987-88, 1992-93, 2003-04
- 주요선수 : 아론 훈트(MF), 엘레로 엘리아(FW), 프란코 디 산토(FW)

아인트라흐트 프랑크푸르트

- 창립 연도 : 1899년 3월 8일
- 연고지 : 헤센 주 프랑크푸르트
- 홈구장(수용인원) : 코메르츠방크 아레나 (51,500 석)
- 메인 스폰서 : 나이키, Alfa Romeo (자동차)
- 감독 : 토마스 샤프
- 주장 : 피르민 슈베글러(스위스)
- 역대 최고 성적 : 1위
- 분데스리가 우승횟수 : 1회
  1958-59
- 주요선수 : 케빈 트랍(GK), 카를로스 잠브라노(DF), 알렉산더 마이어(MF)

SC 프라이부르크

- 창립 연도 : 1904년 5월 30일
- 연고지 : 바덴뷔르템베르크 주 프라이부르크
- 홈구장(수용인원) : 마게 솔라 슈타디온 (24,000석)
- 메인 스폰서 : 나이키, Ehrmann(유제품 제조)
- 감독 : 크리스티안 슈트라이히
- 주장 : 율리안 슈스터(독일)
- 역대 최고 성적 : 5위
- 분데스리가 우승횟수 : 0회
- 주요선수 : 사샤 리터(DF), 율리안 슈스터(MF), 아드미르 메메디(FW)

VfB 슈투트가르트

- 창립 연도 : 1893년 9월 9일
- 연고지 : 바덴뷔르템베르크 주 슈투트가르트
- 홈구장(수용인원) : 메르세데스-벤츠 아레나 (60,441석)
- 메인 스폰서 : 푸마, 메르세데스 벤츠(자동차)
- 감독 : 아르민 페
- 주장 : 크리스티안 겐트너(독일)
- 역대 최고 성적 : 1위
- 분데스리가 우승횟수 : 5회
  1949-50, 1951-52, 1983-84, 1991-92, 2006-07
- 주요선수 : 크리스티안 겐트너(MF), 베다드 이비세비치(FW), 티모 베르너(FW)

함부르크 SV

- 창립 연도 : 1887년 9월 29일
- 연고지 : 함부르크주 함부르크
- 홈구장(수용인원) : 임테흐 아레나 (57,274석)
- 메인 스폰서 : 아디다스, 에미레이츠 항공(항공사)
- 감독 : 미르코 슬롬카
- 주장 : 라파엘 판 데르 파르트(네덜란드)
- 역대 최고 성적 : 1위
- 분데스리가 우승횟수 : 6회
  1922-23, 1927-28, 1959 - 60, 1978 - 79, 1981 - 82, 1982 - 83
- 주요선수 : 레네 아들러(GK), 하이코 베스터만(DF), 라파엘 판 데르 파르트(MF)

FC 쾰른

- 창립 연도 : 1948년 2월 13일
- 연고지 : 노르트라인 베스트팔렌 주 쾰른
- 홈구장(수용인원) : 라인에네르기슈타디온 (50,000석)
- 메인 스폰서 : erima, REWE (슈퍼마켓)
- 감독 : 폴커 핀케
- 역대 최고 성적 : 1위
- 분데스리가 우승횟수 : 3회
  1961 - 62, 1963-64, 1977-78
- 주요선수 : 데니스 도간(DF), 미르코 볼란트(MF), 하바드 닐센 (FW)

SC 파더보른 07

- 창립 연도 : 1907년
- 연고지 : 노르트라인 베스트팔렌 주 파더보른
- 홈구장(수용인원) : 에네르기팀 아레나 (15,000석)
- 메인 스폰서 : saller, kfzteile24 (자동차 부속품)
- 감독 : 안드레 슈베르트
- 역대 최고 성적 : 1부 리그 첫 승격 (2014-15 시즌)
- 분데스리가 우승횟수 : 0회

2부 리그

FC 뉘른베르크

- 창립 연도 : 1900년 5월 4일
- 연고지 : 바이에른 주 뉘른베르크
- 홈구장(수용인원) : 프랑켄슈타디온 (48,548석)
- 메인 스폰서 : 아디다스, NKD(쇼핑몰)
- 감독 : 발레리앙 이스마엘
- 주장 : 라파엘 셰퍼 (독일)
- 역대 최고 성적 : 1위
- 분데스리가 우승횟수 : 9회
  1919-20, 1920-21, 1923-24, 1924-25, 1926-27, 1935-36, 1947‐48, 1960‐61, 1967‐68

아인트라흐트 브라운슈바이크

- 창립 연도 : 1895년 12월 15일
- 연고지 : 니더작센 주 브라운슈바이크
- 홈구장(수용인원) : 아인트라흐트 슈타디온 (23,325석)
- 메인 스폰서 : 나이키, SEAT (자동차)
- 감독 : 토르스텐 리베르크네흐트
- 주장 : 데니스 크룹케 (독일)
- 역대 최고 성적 : 1위
- 분데스리가 우승횟수 : 1회
  1966-67

그로이터 퓌르트

- 창립 연도 : 1903년 9월 23일
- 연고지 : 바이에른 주 퓌르트
- 홈구장(수용인원) : 라우벤벡 슈타디온 (18,000석)
- 메인 스폰서 : 험멜, ERGO Direkt (보험)
- 감독 : 프랑크 크라머
- 주장 : 볼프강 헤슬 (독일)

VFL 보쿰

- 창립 연도 : 1938년 4월 14일
- 연고지 : 노르트라인 베스트팔렌 주 보쿰
- 홈구장(수용인원) : 레비어파워 슈타디온 (29,299석)
- 메인 스폰서 : 나이키, Netto (슈퍼마켓)
- 감독 : 피터 노이루어
- 주장 : 안드레아스 루헤 (독일)

레드불 라이프치히

- 창립 연도 : 2009년 5월 19일
- 연고지 : 라이프치히
- 홈구장(수용인원) : 레드불 아레나 (44,345석)
- 메인 스폰서 : 나이키, 레드불 (음료)
- 감독 : 알렉산더 조니거
- 주장 : 다니엘 프란(독일)

VFR 아렌

- 창립 연도 : 1921년 3월 8일
- 연고지 : 바덴 뷔르템베르크 주 아렌
- 홈구장(수용인원) : 숄츠 아레나 (14,500석)
- 메인 스폰서 : 아디다스, PROWIN (청소기)
- 감독 : 슈태판 루텐벡
- 주장 : 레안드로 그레히 (아르헨티나)

FC 카이저슬라우테른

- 창립 연도 : 1900년 6월 2일
- 연고지 : 라인란트 주 카이저슬라우테른
- 홈구장(수용인원) : 프리츠발터 슈타디온 (49,780석)
- 메인 스폰서 : 울스포츠, PAYSAFECARD (신용카드)
- 감독 : 코스타 룬야익
- 주장 : 마르크 토레존 (스페인)

칼스루에 SC

- 창립 연도 : 1894년 6월 6일
- 연고지 : 바덴 뷔르템베르크 주 칼스루에
- 홈구장(수용인원) : 바일드파크 슈타디온 (29,699석)
- 메인 스폰서 : 험멜, KLAIBER Markisen (인테리어)
- 감독 : 마르쿠스 카우진스키
- 주장 : 디르크 올리스하우젠 (독일)

포르투나 뒤셀도르프

- 창립 연도 : 1895년 5월 5일
- 연고지 : 노르트라인 베스트팔렌 주 뒤셀도르프
- 홈구장(수용인원) : 에스피릿 아레나 (54,600석)
- 메인 스폰서 : 푸마, OTELO (통신)
- 감독 : 올리버 렉
- 주장 : 아담 보드첵 (독일)

FC. 상 파울리

- 창립 연도 : 1910년 5월 15일
- 연고지 : 함부르크
- 홈구장(수용인원) : 밀리언토어 슈타디온 (29,063석)
- 메인 스폰서 : 험멜
- 감독 : 로날드 브라벡
- 주장 : 쇠렌 곤테르 (독일)

1860 뮌헨

- 창립 연도 : 1860년 5월 17일
- 연고지 : 바이에른 주 뮌헨
- 홈구장(수용인원) : 알리안츠 아레나 (71,137석)
- 메인 스폰서 : 울스포츠
- 감독 : 리카르도 모니츠
- 주장 : 크리스토퍼 쉰들러 (독일)

FSV 프랑크푸르트

- 창립 연도 : 1899년 8월 20일
- 연고지 : 헤센 주 프랑크푸르트
- 홈구장(수용인원) : 플크스방크 슈타디온 (12,542석)
- 메인 스폰서 : SALLER, SPARHANDY(통신)
- 감독 : 벤노 뫼르만
- 주장 : 마누엘 콘라드 (독일)

SV 다름슈타트 98

- 창립 연도 : 1898년 5월 22일
- 연고지 : 헤센 주 다름슈타트
- 홈구장(수용인원) : 메르크 슈타디온 (16,500석)
- 메인 스폰서 : 나이키, SOFTWARE(컴퓨터)
- 감독 : 디르크 슈스터
- 주장 : 아이탁 줄루 (터키)

FC 하이덴하임 1846

- 창립 연도 : 2007년 1월 1일
- 연고지 : 바덴 뷔르템베르크 주 하이덴하임
- 홈구장(수용인원) : 보이스 아레나 (13,000석)
- 메인 스폰서 : 나이키, HARTMANN(의료)
- 감독 : 프랑크 슈미트
- 주장 : 마르크 슈나테러 (독일)

FC 잉골슈타트 04

- 창립 연도 : 2004년 2월 5일
- 연고지 : 바이에른 주 잉골슈타트
- 홈구장(수용인원) : 아우디 스포츠파크 (15,000석)
- 메인 스폰서 : 아디다스, 아우디(자동차)
- 감독 : 랄프 하센휘틀
- 주장 : 마르빈 마팁 (독일)

FC 유니온 베를린

- 창립 연도 : 1966년 1월 20일
- 연고지 : 베를린
- 홈구장(수용인원) : 푀르스테레이 슈타디온 (21,717석)
- 메인 스폰서 : 울스포츠, kfzteile24(자동차 용품 샵)
- 감독 : 노베르트 뒤벨
- 주장 : 다미르 크라일라흐 (크로아티아)

SV 잔트하우젠

- 창립 연도 : 1916년 8월 1일
- 연고지 : 바덴 뷔르템베르크 주 잔트하우젠
- 홈구장(수용인원) : 하트발트 슈타디온 (12,000석)
- 메인 스폰서 : 푸마
- 감독 : 알로이스 슈바르츠
- 주장 : 스테판 쿨로비츠 (오스트리아)

FC 에르츠게비르게 아우에

- 창립 연도 : 1949년 9월 24일
- 연고지 : 작센 주 아우에
- 홈구장(수용인원) : 슈파르카센 슈타디온 (15,690석)
- 메인 스폰서 : 나이키, EIBENSTOCK(전자제품)
- 감독 : 팔코 괴츠
- 주장 : 레네 크링바일 (독일)

독일 축구 용어 사전

- 골키퍼 torwart
- 수비수 abwehrspieler
- 미드필더 mittelfeldspieler
- 공격수 stuermer
- 코너킥 ecke
- 파울 foul
- 해트트릭 hattrick
- 골 tor
- 자책골 eigentor
- 페널티킥 elf meter
- 오프사이드 abseits
- 스로인 einwurf
- 프리킥 freistoss
- 심판 schiedsrichter
- 경고 verwarnung 〈gelbe karte〉
- 퇴장 platzverweis 〈rote karte〉
- 경기장 stadion
- 선수교체 einwechslung / auswechslung
- 감독 trainer
- 주장 kapitaen